1970
O BRASIL É TRI

A conquista que eternizou a seleção brasileira

CIP-BRASIL. CATALOGAÇÃO NA PUBLICAÇÃO
SINDICATO NACIONAL DOS EDITORES DE LIVROS, RJ

U14m

Uberreich, Thiago, 1976-
    1970 o Brasil é tri : a conquista que eternizou a seleção / Thiago Uberreich. - 1. ed. - São Paulo : Letras Jurídicas, 2020.
    192 p. : il. ; 23 cm.

    Inclui bibliografia
    ISBN 9788562131790

    1. Futebol - Brasil - História. 2. Copa do Mundo (Futebol) (9.: 1970 : México). 3. Seleção Brasileira de Futebol. I. Título.

20-65224   CDD: 796.334668
                                                                            CDU: 796.332(81)

Camila Donis Hartmann - Bibliotecária - CRB-7/6472

THIAGO UBERREICH

1970
O BRASIL É TRI

A conquista que eternizou a seleção brasileira

Letrasdo
Pensamento

2020

© Thiago Uberreich

© Letras Jurídicas Editora Ltda. – EPP

Projeto gráfico, diagramação e capa:
Fabricando Ideias Design Editorial
@fabricando.ideias

Revisão:
PBA Preparação e Revisão de Textos

Editor:
Claudio P. Freire

Fotografia da capa:
Abril Cultural

Fotografia da página 1:
Domínio Público

1ª Edição – 2020 – São Paulo-SP

Reservados a propriedade literária desta publicação e todos os direitos para Língua Portuguesa pela LETRAS JURÍDICAS Editora Ltda. – EPP.

Tradução e reprodução proibidas, total ou parcialmente, conforme a Lei n. 9.610, de 19 de fevereiro de 1998.

LETRAS DO PENSAMENTO
Rua Eduardo Prado, 28 – Vila Bocaina
CEP: 09310-500 – Mauá/SP.
Telefone: (11) 3107-6501 | (11) 9-9352-5354
Site: www.letrasdopensamento.com.br
E-mail: vendas@letrasdopensamento.com.br

Impressão no Brasil

Este livro é dedicado aos 22 jogadores tricampeões, ao técnico Zagallo e aos profissionais do rádio, da TV e da imprensa escrita que cobriram a Copa de 70.

Agradecimentos

Gostaria de agradecer inicialmente aos meus pais, Téo e Cléo, pelo apoio de sempre e pelo acompanhamento vibrante que fazem da minha carreira. Ao meu irmão, Davi, que sempre assistiu comigo, com muita atenção, aos compactos da Copa de 1970. À minha mulher, Mariana, e ao meu enteado, João Gabriel, que sabem que não é fácil conviver comigo. Aos meus tios Sara e Dráusio, às minhas avós, Cida e Rachel (*in memoriam*), e a todos da minha família e da família de minha mulher.

Agradeço ao historiador e amigo Marco Antonio Villa, que me deu a honra do prefácio deste livro. Agradecimentos também aos grandes jornalistas Geraldo Nunes, Milton Leite, Flávio Prado, Mauro Beting e Alex Ruffo, que me brindaram com textos brilhantes para este livro. Ao mestre Joseval Peixoto, minha eterna deferência.

Quero citar uma figura rara: Cláudio Junqueira, autor de *Esse gato ninguém segura*. Foi o Claudinho que me apresentou ao editor Claudio Freire, da *Letras do Pensamento*, e, sem o apoio dele, este livro nunca teria virado realidade. Um agradecimento especial ao embaixador do Brasil na Coreia do Norte, Felipe Fortuna. Filho do cartunista Fortuna, ele autorizou a reprodução da capa de *O Pasquim* com o desenho de Tostão feito pelo pai. Quem me ajudou nessa empreitada foi a jornalista Izilda Alves, viúva de Fortuna.

Preciso ainda agradecer aos meus amigos supremos da Jovem Pan: José Carlos Pereira da Silva, Vitor Brown, Patrick Santos, Marcella Lourenzetto,

Marcelo Mattos, Daniel Lian, Bruno Prado, Natacha Mazzaro, Nilson César, Fausto Favara, Ricardo Arcon, Matheus Meirelles, Tiago Muniz, Nany Cox, Gabriel Forte, Beatriz Carapeto, Nicole Fusco, Rodrigo Viga, Wanderley Nogueira, Marcio Spimpolo, Afonso Marangoni, Camila Yunes, Larissa Coelho, Vinicius Silva, Paulinha Carvalho, Denise Campos de Toledo, Vinicius Moura, Victor Martins, Carlos Aros, Felipe Moura Brasil, as queridas Dete, Jô e Nalva, Luiz Inaldo, Reginaldo Lopes, Amanda Garcia, João Guimarães e Paulo Machado de Carvalho Neto (Paulito). E ainda: Leandro Andrade, Victor La Regina, Marc Tawil, Ademir Takara, responsável pela biblioteca do Museu do Futebol, em São Paulo, Fernando Padula, do Arquivo Público do Estado de São Paulo, Alexandre Giesbrecht, Elmo Francfort, ao tio Luiz Carlos Hummel Manzione, um dos primeiros a ler o original deste livro, e ao meu eterno mestre de Colégio Rio Branco, historiador Eduardo José Afonso.

Agradeço à direção da Jovem Pan, nas figuras de Tutinha e Marcelo Carvalho, pelo apoio de sempre e pela confiança em meu trabalho desempenhado à frente do Jornal da Manhã.

Apresentação

O Brasil estava em êxtase naquele dia 21 de junho de 1970. Eram quase 17 horas. Na TV, Geraldo José de Almeida soltava a voz: *"Viva feliz minha terra dourada, porque essa conquista ninguém poderá esquecer"*. O radinho de pilha também estava ligado em casa, sintonizado na Jovem Pan, reforçando a sinfonia de vozes dos narradores. Joseval Peixoto extravasava: *"Essa deusa de ouro de braços erguidos. Essa deusa tão jovem, com velhas histórias, erguida para o alto, para o céu do Brasil"*. A deusa de ouro era a taça *Jules Rimet*, agora em posse definitiva da seleção brasileira. Era como se nas últimas duas horas os 90 milhões de brasileiros tivessem assistido à apresentação de uma orquestra. Foi talvez o maior espetáculo de futebol em todos os tempos. O maestro, então com 29 anos, considerado o Rei do futebol, chegou ao ápice da técnica, da experiência e da genialidade. A goleada sobre a Itália por 4 a 1 foi o coroamento de Pelé e do melhor futebol do mundo. O duelo, no Estádio Azteca, na Cidade do México, fechou uma campanha irrepreensível: 6 jogos e 6 vitórias. No total, foram 19 gols marcados e 7 sofridos.

Naquele domingo histórico, eu acordei por volta das 8 horas e segui à risca a música *Sou Tricampeão*, dos Golden Boys: *"Eu hoje, igual a todo brasileiro/Vou passar o dia inteiro/Entre faixas e bandeiras coloridas/Parece, até que eu estava em campo (...)"*. Eu morava no bairro da Bela Vista, em São Paulo, e, ansioso, fui jogar bola na rua com os meus amigos. Depois, almocei com meus pais e fui para a frente da televisão, ainda com imagens em preto e branco. O jogo começou às 15 horas. Aquela Copa é marcante do ponto de vista das comunicações: pela primeira vez, o mundo assistiu a um mundial ao vivo, via satélite. A transmissão, a partir do México, já vinha em cores, mas poucos aparelhos tinham a tecnologia.

Todo esse relato que fiz é quase 100% verdadeiro: o Brasil foi campeão, aquela seleção é considerada até hoje pela imprensa esportiva mundial a melhor em todos os tempos e a Copa de 1970, no México, também é tida como a melhor da história. A parte fantasiosa é que eu não era nascido. Nasci em 1976, seis anos depois. No entanto, antes mesmo de virar jornalista, eu já tinha uma obsessão por vasculhar o passado, era fanático pela história das Copas e, principalmente, pela seleção de 1970. Em uma época pré-internet, no início dos anos 1990, eu ligava insistentemente para as emissoras de TV pedindo cópias das partidas do Brasil. Depois de conseguir os seis jogos, saí à caça dos demais 26 daquele mundial e consegui. Perdi a conta de quantas vezes lhes assisti, sobretudo os jogos do time brasileiro, treinado por Zagallo, que enfrentou Tchecoslováquia, Inglaterra, Romênia, Peru, Uruguai e Itália.

Este livro é um sonho antigo. Ainda nos tempos de escola, escrevi à máquina cerca de 20 páginas sobre o desempenho da seleção em 1970. O primeiro livro que li sobre os mundiais de futebol foi *As Copas que ninguém viu*, do jornalista Solange Bibas. Bibas detalhava, por exemplo, bastidores das eliminatórias em 1969, quando a seleção ainda era comandada pelo polêmico e genial João Saldanha. Enquanto o homem pisava na Lua pela primeira vez, as "Feras de Saldanha" estavam concentradas para os duelos contra Colômbia, Venezuela e Paraguai. O time brasileiro se classificou, com destaque para Tostão, artilheiro com dez gols, e carimbou o passaporte para o México. Saldanha foi demitido por motivos, até hoje, não totalmente esclarecidos. Zagallo assumiu, reuniu estrelas de primeira grandeza do futebol nacional e conquistou a Copa.

Assim como fiz em *Biografia das Copas*, além de rever as partidas e ouvir as transmissões de rádio, mergulhei nos jornais e nas revistas da época, como *O Cruzeiro*, *Manchete*, *Fatos e Fotos*, *Veja* e *Placar*. As informações escritas no calor da hora muitas vezes se perdem no tempo e é importante fazer esse resgate pelo bem da história.

A epopeia do tricampeonato chega aos 50 anos. Eu ainda não cheguei aos 50, mas é como se eu tivesse vivido aqueles dias de alegria que ajudaram a amenizar a mordaça da ditadura militar. 1970, o Brasil é tri. Faz cinco décadas. Mas parece que foi ontem.

Thiago Uberreich / junho de 2020

A Copa em preto e branco

Doze anos de idade completados dois dias antes da estreia do Brasil na Copa do Mundo de 1970, a Copa da minha vida. Três de junho, uma quarta-feira, o Brasil enfrentaria a Tchecoslováquia. A nação ligada, a população se irmanando em um só coração, como se cantava, aliás, no hino oficial do evento criado a pedido do governo de então. A Copa dentro de casa, graças à tecnologia.

Naquele dia, todos os alunos da primeira série do antigo curso ginasial saíram mais cedo do colégio. As aulas seguiram até o recreio e depois mais uma aula somente. Em seguida, "tchau, e até amanhã", disseram os professores, também interessados em terminar antes do horário habitual. Todos queriam assistir ao jogo. Eram 17 horas, o sol ainda brilhava na direção do poente. As ruas estavam com mais carros circulando do que o habitual, e nas calçadas as pessoas andavam mais apressadas. Pontos de ônibus lotados, gente de lá para cá em meio aos Fuscas, DKWs, Simcas e Fords Galaxie.

Indo a pé para casa sabíamos que a agitação era grande por causa da estreia da seleção brasileira, mas não tínhamos noção daquilo que nos aguardava. Brincar de jogar futebol nos parecia mais gostoso do que assistir aos jogos pela TV. Havia ainda muitos campinhos de terra batida, e mesmo na rua se podia jogar bola com os coleguinhas. Os jogadores já eram nossos conhecidos pelos álbuns de figurinhas e pelos botões que traziam os rostos dos atletas ou os distintivos dos clubes.

Qual a importância do futebol disputado por adultos para um menino acostumado somente a brincar? Quando chegamos em casa, começamos a entender que jogar bola era mais importante que uma simples brincadeira. Nossa residência estava sendo enfeitada de verde-amarelo, nossos familiares se movimentavam com animação e papai já se encontrava em casa, algo raro para aquele horário. Normalmente ele só chegava do trabalho depois das 19h30, mas, naquele dia, assim como os professores, escapuliu mais cedo. Sobre a mesa da cozinha: cerveja, refrigerante e guloseimas.

Naquele tempo quase não havia supermercados do tipo pegue-pague. Tudo era comprado na mercearia da esquina, mas ficamos admirados pela alegria geral. De repente chega o meu avô. Durante o dia, alguém passou onde ele morava e o convidou para assistir ao jogo em nossa casa. Legal! Naquele tempo poucas eram as casas que tinham telefone fixo. Nos bairros fabris, como o Ipiranga, em São Paulo, telefonemas eram feitos geralmente de algum estabelecimento comercial, como farmácias e mercadinhos. O preço era pago antecipadamente pela ligação e não era permitido esticar muito a conversa. Quase não havia telefones públicos. Os "orelhões", da Companhia Telefônica Brasileira, viriam anos depois. Parentes que às vezes chegavam para uma visita surgiam sempre meio de surpresa, e as donas de casa tinham de se desdobrar, preparando almoços ou jantares inesperados.

Em 1970, ainda havia vendedores de todo o tipo circulando nas ruas e batendo palmas de porta em porta para oferecer seus produtos. Em nossa casa, uma senhora passava semanalmente para vender queijos e outras iguarias que adorávamos. Convidada para entrar, Dona Cecília primeiro pedia um copo de água, tomava cafezinho, falava de amenidades e só depois oferecia seus produtos, anotando os preços em uma caderneta já sabendo que iria receber só depois do dia 10 de cada mês. Também batiam palmas no portão esporádicos mascates oferecendo calçados, roupas, vassouras e utensílios domésticos como máquinas de moer carne, amassadores de alho, raladores de queijo, botões para calças e camisas, agulhas de costura, tricô e crochê, novelos de lã e tudo que se pudesse imaginar.

As senhoras mães de família se dedicavam exclusivamente ao lar e quase não havia tempo de ir às lojas. Ao que parece, as pessoas tinham mais tempo para conversar e menos medo da violência, porque ninguém desconfiava de que pudesse ser um assaltante disfarçado de vendedor. A maioria buscava demonstrar honestidade e não esperteza, lutando de alguma forma pelo pão de cada dia. Nas ruas, os ambulantes passavam gritando o nome de seus produtos, pedalando em triciclos ou ainda com animais de tração à frente, como os verdureiros. Também havia os que tocavam instrumentos para chamar a atenção dos interessados. O amolador de facas tocava um apito de vários sons. Era diferente aquela São Paulo dos bairros fabris em relação ao centro. Ao saírem da casa, os moradores se arrumavam e diziam: "*estamos indo para a cidade*". Ou seja, para o centro: Praça da Sé, Rua Direita, Praça da República... Só depois de 1970 é que esses costumes começaram a mudar e a tecnologia deu início a essas mudanças.

Meu avô gostava de futebol e foi assistir ao primeiro jogo da seleção na Copa em nossa casa, porque na residência dele não havia televisão. Tinha condições financeiras para comprar um aparelho, mas dizia que detestava televisão. Certa vez, numa conversa de família, pediu para que nunca fosse presenteado com aquilo que chamava de "caixa do demônio". Explicava que, nas poucas vezes em que havia assistido, viu cenas que considerava indecentes, especialmente nas novelas. Os noticiários, dizia ele, não expunham a realidade completa dos fatos por causa da censura. Outro ponto de vista dele era que a televisão só servia para afastar as pessoas do convívio familiar. "*Meus filhos já não me visitam porque preferem ficar em casa assistindo essa porcaria*", reclamava.

De certo modo tinha razão, especialmente porque, naquela época, vivíamos o que se chamou mais tarde de "anos de chumbo". Havia censura sim, mas as crianças e os adultos menos informados nem percebiam. Para a garotada, o grande entretenimento eram os desenhos animados do Pica-Pau e os de Hanna-Barbera. Para os adolescentes, séries de TV, como Perdidos no Espaço, Túnel do Tempo e Jornada nas Estrelas, eram a coqueluche. Vivíamos a fase da conquista espacial retratada nas séries norte-americanas. Aos mais humildes não havia grandes questionamentos políticos, aceitava-se tudo, até porque as conversas giravam mais sobre assuntos do cotidiano: questões de trabalho, fatos pessoais, familiares, novelas, música e futebol. Tudo interessava mais que política, especialmente entre os moradores fabris, e quase ninguém discutia assuntos de economia, porque financeiramente o país ia bem e havia empregos.

Foi por causa do futebol que o nosso avô deixou de lado seus princípios antitelevisivos e foi assistir Brasil x Tchecoslováquia ao lado da filha, do genro e dos netos. A vizinhança começou a bater à porta porque nem todos tinham televisão, e a casa foi lotando de gente. Para a garotada, aquilo já significava clima de festa e diversão garantida. Era a primeira transmissão ao vivo de uma Copa do Mundo que acontecia no México. A Tchecoslováquia era um país distante, mas um adversário conhecido que o Brasil já havia enfrentado e vencido na final de 1962, no Chile. Agora era diferente, nossa seleção vinha de um grande fracasso em 1966. A seleção brasileira, ao mudar de técnico em cima da hora, saíra do país desacreditada.

O regime militar fazia propaganda nos meios de comunicação sobre os avanços da tecnologia interligada ao espaço sideral, anunciando que aquilo tudo fazia parte do "milagre brasileiro". Nas ruas, lia-se em colantes nas janelas ou nos vidros dos carros a frase: "*Brasil, ame-o ou deixe-o*". Era uma ofensiva aos opositores do regime. A Empresa Brasileira de Telecomunicações (Embratel), pertencente ao governo, apresentou à população, em 1969, um serviço novo interligado a um satélite artificial em órbita da Terra, o Intelsat, permitindo que ligações telefônicas interurbanas ou internacionais acontecessem imediatamente, sem a necessidade de uma telefonista. O próprio usuário é quem passou a discar em seu aparelho os códigos e o número até completar a ligação. Com o auxílio do satélite foram facilitadas também as transmissões e recepções via telex, rádio e televisão.

Uma antena parabólica, instalada no Rio de Janeiro, recebia o som e a imagem via satélite dos jogos ao vivo direto do México, permitindo à nação brasileira assistir pela primeira vez com som e imagem a uma Copa. Foi uma inovação maravilhosa. A transmissão chegava em cores até a Embratel, no Brasil, mas não se reproduzia nos aparelhos receptores de fabricação nacional, que só operavam em preto e branco. Não houve tempo hábil para se iniciar a substituição, o que não afastava o interesse das pessoas em assistir aos jogos, pois todos já estavam acostumados a assistir em preto e branco. Mais que isso, o interessante é que nunca uma Copa havia sido transmitida ao vivo para o Brasil.

Os televisores funcionavam ligados na eletricidade com o auxílio de um estabilizador de voltagem que sustentava o funcionamento do aparelho durante as oscilações da energia elétrica fornecida então pela Light, uma multinacional canadense. Esse estabilizador tinha um ponteiro que indicava quando a voltagem diminuía, então alguém tinha que se levantar da poltrona e ampliar a potência para que o aparelho de TV continuasse recebendo a energia em 110 watts. Nos dias frios, como os de junho, a temperatura dentro de casa, por causa da televisão, ficava mais agradável. Esses aparelhos possuíam válvulas que acendiam toda vez em que eram ligados. O aquecimento dessas válvulas incandescentes ajudava a esquentar o ambiente. Ao ligar, aguardava-se mais de um minuto para que surgisse primeiro um ronco anunciando o som e só depois apareciam as imagens, sempre acompanhadas de interferências, sombras ou chuviscos. Para uma melhor recepção, havia antenas instaladas no telhado das residências. Sabia-se assim, de antemão, quem possuía televisão em casa e quem não tinha. Se passasse um avião, as imagens estremeciam e em certos lugares até mesmo o motor de um carro na rua causava interferência. As válvulas ligadas tornavam o clima aconchegante dentro de casa no inverno, mas no verão a situação se invertia e o calor emanado pela TV obrigava todos a abrirem as janelas, mesmo à noite.

Luzes acesas e calor chamavam os insetos para dentro dos lares, e, como os pisos das salas eram geralmente em tacos de madeira, revestidos de uma massa brilhosa chamada "cascolac", estalavam pela dilatação assustando a garotada que tinha medo de assombração. Insetos voadores como as mariposas faziam parte do cotidiano. Nas casas mais humildes, as pessoas passavam cera no assoalho. As marcas mais famosas eram *Polyflor* e *Parquetina*. Para lustrar a casa se usava um eletrodoméstico ligado à tomada por um fio comprido, a enceradeira. Para a conservação dos móveis, usava-se o óleo de peroba. Esses produtos faziam parte do cotidiano dos lares em 1970.

Nossa casa se enfeitou antes, mas a cidade de São Paulo foi se tingindo de verde e amarelo ao longo da Copa do Mundo, de acordo com a quantidade de vitórias que iam sendo obtidas pela seleção ao longo do certame. Foram cinco partidas disputadas até a grande final com a Itália em 21 de junho, o sexto jogo. A Copa durou quase um mês, e, mesmo nos dias em que a nossa seleção não jogava, o assunto era só futebol, fosse na rua, em casa ou na escola. Os canais de televisão iniciavam sua programação diária por volta do meio-dia e saíam do ar logo depois da meia-noite para que os transmissores, também valvulados, fossem refrigerados.

Não havia redes de TV interligadas pelo Brasil. Elas se formaram após a Copa de 1970. O mundial de futebol ajudou o Brasil também nisso. Antes, as emissoras de TV eram conhecidas mais pelo número do canal do que pelo nome. Quando se colocava no canal 4 já se sabia que iríamos assistir à TV Tupi. O canal 5 era a Globo, antiga TV Paulista, e a Record pegava no canal 7. Havia a TV Excelsior, canal 9, que fecharia suas portas naquele ano, e a TV Bandeirantes ocupava o canal 13. Em 25 de janeiro de 1970 foi inaugurada a TV Gazeta, canal 11. A TV Cultura, que havia ocupado o canal 2 no início dos anos 1960, saiu do ar por uns tempos, passando depois para a tutela do governo do Estado, que criou, em 1969, a Fundação Padre Anchieta. As limitações técnicas obrigaram os canais a transmitirem a Copa 70 conjuntamente, todos eles com o mesmo som e a mesma imagem, fazendo realidade à frase contida na letra de *Pra Frente Brasil*, música tema daquele mundial composta por Miguel Gustavo, que dizia: *"(...) parece que todo o Brasil deu a mão, todos ligados na mesma emoção (...)"*.

Naquela noite, em 3 de junho de 1970, a temperatura estava agradável e sem chuva. Nossas impressões sobre o futebol eram as de um menino iniciante no esporte que já havia assistido ao milésimo gol de Pelé e aos jogos eliminatórios daquele mundial, transmitidos também ao vivo dentro do Brasil em partidas memoráveis de um time que recebeu a alcunha "Feras do Saldanha". Cronista esportivo transformado em técnico de futebol pelos bons comentários no rádio e pelo livre trânsito entre os cronistas esportivos do Rio e de São Paulo que viviam em pé de guerra, João Saldanha havia sido treinador do Botafogo com sucesso. Os cariocas diziam que a culpa da derrota catastrófica em 1966 havia sido do ex-técnico Vicente Feola, que escalou jogadores veteranos demais para aquele confronto; os paulistas acusavam a desorganização da então Confederação Brasileira de Desportos (CBD), com sede no Rio de Janeiro, pelo fracasso na Inglaterra.

João Saldanha de certo modo amenizava essas diferenças com seu jeito alegre e bonachão. Ficaria no cargo de técnico até a classificação para o mundial, sendo demitido quando faltava pouco tempo para o início da Copa de 70. Havia discordâncias político-ideológicas dele, Saldanha, com o então presidente da República, general Emílio Garrastazu Médici. Para seu lugar foi chamado o ex-jogador da seleção, Mário Jorge Lobo Zagallo, bicampeão em 1958 e 1962, que havia iniciado sua carreira de técnico também pelo Botafogo.

Para nós aquilo tudo era novidade, o mundo sendo mostrado dentro de casa e até a chegada do homem à Lua foi apresentada naqueles tempos da

TV em preto e branco e muitos não acreditavam que os astronautas de fato haviam feito aquela proeza. Quem estaria filmando aquilo se não havia mais ninguém no solo da Lua? Para os jovenzinhos, esses questionamentos incitavam a imaginação, e pela TV começamos a aprender as regras de futebol; a mais difícil de compreender foi a lei do impedimento.

A Copa de 70 trouxe pela primeira vez a repetição do lance em câmera lenta. Mesmo assim, se alguém do Brasil caísse na área todos gritavam "pênalti" e xingavam o juiz de ladrão, sem-vergonha. Tudo fez da Copa de 70 uma delícia; e do Brasil, o país do futebol.

O jogo do Brasil contra os tchecos já havia começado e ainda tinha gente batendo na porta. Já não havia mais cadeiras para todos, além das poltronas ocupadas. Teve gente que se sentou no chão. Na TV, ouvem-se os hinos nacionais com os jogadores perfilados em campo, a emoção começa a aumentar. O árbitro apita, bola rolando; como em casa havia um sofá-cama, pai, avô e irmão se sentaram nele. A mãe ficou na cozinha fazendo pipoca. Cada vez que o time brasileiro ia para o ataque todos se levantavam de seus assentos e ficavam gritando como se estivessem dentro do estádio Jalisco, em Guadalajara. Era um senta-levanta danado e o velho sofá-cama transformado em arquibancada não aguentou muito tempo e um dos pés acabou quebrando. O pai lamenta, xinga, sai da sala nervoso e vai para os fundos do quintal voltando com um toco de madeira na forma de um cubo que se encaixa direitinho no lugar. Problema resolvido, o jogo prossegue.

A cada grito na sala, a mãe pergunta da cozinha. Foi gol? *"Ainda não"*, respondíamos! Foi a primeira Copa do Mundo com bola pintadinha em preto e branco. Outra novidade no mundial de 70, a permissão para fazer substituições de jogadores durante a partida e a introdução dos cartões amarelo de advertência e vermelho para expulsão. O árbitro não levantava o cartão, só mostrava para o jogador e anotava a camisa dele. Foi também uma Copa sem nenhuma expulsão de campo, algo raro.

Com apenas 12 minutos de jogo, os tchecos vão ao ataque e abrem o placar, gol de Petras, camisa 8. Desânimo geral, e dentro de casa começam as reclamações contra o goleiro, em cima do árbitro e o comentarista na TV falando que os jogadores estavam nervosos. *"Emoção da estreia"*, justificava o narrador.

Em todos os canais, o locutor da partida era o mesmo, independentemente da emissora. O narrador Fernando Solera pergunta: *"Onde está o Rivellino, onde está o Rivellino?"*. Ele espera que o camisa 11 da seleção brasileira faça a cobrança. Todos de pé dentro de casa na expectativa. Barreira formada, Jairzinho entre os jogadores adversários. Falta batida, Jair se movimenta, a bola passa por onde ele estava e é gol. Gooooool do Brasil! Todos pulam, gritam, se abraçam. Rojões começam a explodir nos arredores, nós nunca havíamos ouvido tantos fogos espocando ao mesmo tempo. Era o povo comemorando, a partida estava empatada em 1 x 1. Pelé arrisca do meio de campo e o arqueiro Viktor, que estava adiantado, sai correndo atrás da bola como um desesperado, mas ela passa raspando a trave.

Termina o primeiro tempo. Estávamos deslumbrados com tanta alegria, catarse coletiva dentro de casa. Em 12 anos de vida nunca tinha visto nada igual. Adultos comemorando junto com as crianças, diversão, sorrisos, esperanças! Um jogo memorável que no segundo tempo teve show de bola com mais três gols. Marcaram Pelé e ainda Jairzinho duas vezes. A partida termina em 4 x 1 para o Brasil diante da Tchecoslováquia. Esse jogo fez iniciar em nós uma paixão definitiva que prossegue até hoje, o amor pelo futebol. Ao todo, foram seis jogos até que chegássemos à conquista do tricampeonato mundial e à posse definitiva da *Jules Rimet*.

No dia da última partida contra a Itália, em 21 de junho de 1970, o céu azul se fez presente, acompanhado de um belo sol. Nosso avô chega cedo e nos convida para assistirmos ao jogo na casa dele, mais espaçosa e com direito a almoço e refrigerante. Durante o mundial, entusiasmado com o desempenho da seleção brasileira, ele decidira finalmente comprar o seu aparelho de TV, *"mas só para assistir futebol"*, decretou. Naquele domingo de final de Copa do Mundo todos diziam que, se o Brasil vencesse, haveria um foguetório jamais visto, com muitos balões, que ainda não eram proibidos no céu. Foi o que aconteceu.

Brasil campeão! Graças a Deus! O resultado 4 x 1 não espelhou a realidade do jogo, a partida foi dificílima. Enfim, o país comemora. Em São Paulo, as pessoas saem às ruas e se abraçam e fogos explodem pela cidade durante quase uma hora. Havia tantos balões que quase não se via o céu, somente quem assistiu a esse espetáculo consegue explicar. Meu avô, entretanto, disse que na final de 1958 houve ainda mais fogos porque a data, 29 de junho, coincidiu com o dia de São Pedro. Em 1970, os balões ainda eram permitidos, mas já se faziam campanhas preventivas contra eles. Os bombeiros devem ter tido muito trabalho naquela tarde e noite em que o Brasil conquistou para sempre a *Jules Rimet*. Quem viveu, jamais esquecerá!

Geraldo Nunes
Jornalista e memorialista, integrante da Academia Paulista de História. Foi repórter aéreo da Rádio Eldorado e apresentador do programa premiado *São Paulo de Todos os Tempos*.

Por e para José Paulo de Andrade

Uma das maiores vozes do Rádio do Brasil se calou em 17 de julho de 2020, reta final deste livro. Foram seis décadas, mais precisamente 59 anos e 6 meses, de uma carreira brilhante, grandiosa e irretocável.

Começou cobrindo a editoria de Esportes, uma de suas paixões, em janeiro de 1961, na extinta Rádio América. Dois anos depois, transferiu-se para a Rádio Bandeirantes. Anos mais tarde, em 1969, lá estava o Zé em campo para irradiar o milésimo gol de Pelé no majestoso Maracanã.

O amor de Zé Paulo, torcedor do São Paulo Futebol Clube, só não era maior do que pelo Jornalismo. E seria à louca rotina da notícia que ele se entregaria para sempre.

Zé Paulo era um homem e profissional veemente e intrépido. Contagiava todos que estavam ao seu redor – e aqueles que estavam distantes também. Uma verdadeira potência no ar. Fora dele, era um amigo generoso, que tinha o prazer em compartilhar seu conhecimento e sua vivência com os mais jovens. Um verdadeiro mestre.

Foi exigente ao extremo: com ele próprio e com todos os profissionais que liderou. O objetivo era um só: levar a melhor e mais completa informação ao seu público tão fiel. Respeito inabalável ao ouvinte.

Até os seus últimos dias de vida, trabalhou incansavelmente nas pautas e na produção dos seus programas, como fazia havia sessenta anos. Um compromisso com a ética e a excelência que o acompanhava em tudo o que fazia. Com maestria.

A trajetória de Zé Paulo no Grupo Bandeirantes de Comunicação teve momentos épicos; entretanto, seria em abril de 1973 que ele assumiria a apresentação de um dos programas mais emblemáticos do Rádio brasileiro: "O Pulo do Gato".

Com seu estilo único, arrojado e independente, Zé Paulo, agora Zé do Pulo, transformou-o no matutino recordista em permanência no ar com um mesmo apresentador. Foram 47 anos à frente daquele que foi considerado, pelo próprio Zé Paulo, o seu trabalho mais importante em sua longeva e vitoriosa trajetória profissional.

Em dezembro de 2018, o livro *Esse gato ninguém segura – O Pulo do Gato* prestou uma justa homenagem ao seu protagonista (ainda que ele jamais se tivesse visto assim) – pioneiro e porta-voz de várias gerações de ouvintes.

Graças ao seu indiscutível legado e contribuição para o Rádio, o Jornalismo e a sociedade, Zé Paulo deixa um exemplo de dedicação, profissionalismo e amor pela profissão. Um modelo que segue nos motivando e inspirando em busca de dias melhores.

Seguimos por aqui, dando O Pulo do Gato!

Prefácio

Thiago Uberreich é um especialista na história das Copas do Mundo de futebol. Sabe tudo. Este livro é mais do que um simples recorte de uma delas, a de 1970. Traça a epopeia da seleção considerada a melhor de todos os tempos. Recorda a eliminatória de 1969 e as célebres "feras de Saldanha", quando a seleção venceu todos os seis jogos, enfrentando Paraguai, Colômbia e Venezuela. Mais que venceu, deu espetáculo, em jogos memoráveis. Lembro especialmente dos três a zero na seleção paraguaia em pleno Defensores del Chaco (na época chamado de Puerto Sajonia) – e sob um clima adverso, tendo em vista que a imprensa local transformou a disputa futebolística em uma espécie de revanche do conflito de 1864-1870. E no jogo de volta – um a zero, gol de Pelé – quando o Maracanã teve o maior público da história, de acordo com os números oficiais de ingressos efetivamente vendidos.

A conturbada preparação para a Copa do México é bem descrita e analisada em detalhes, sempre, como em todo o livro, tendo a presença dos meios de comunicação, em especial o rádio, suas emissoras, seus narradores, comentaristas e repórteres. O autor não tirou o pé de uma dividida polêmica, a queda de João Saldanha do cargo de técnico da seleção – substituído por Mário Jorge Lobo Zagallo. Apresenta as diferentes versões do fato envolto em diversas leituras e que extrapolam as chamadas quatro linhas. Isso porque a situação política do Brasil, em 1970, sob uma ditadura militar, teria – como teve – influência no cotidiano da preparação da seleção.

O autor perpassa o trabalho de preparação realizado no México, em que a presença dos militares transformou um torneio futebolístico em uma tarefa de Estado. O regime entendia que o tricampeonato poderia significar também uma vitória política do governo. E após a queda de Saldanha, em março, ocorreu um controle completo das atividades da seleção, como se fosse um plano de Estado-Maior.

A primeira fase da Copa é descrita em detalhes – e minuciosamente. E o impacto para os brasileiros da primeira Copa transmitida ao vivo pela televisão, isso quando ter o aparelho em casa era um privilégio de poucos. Foi uma revolução. E os gols eram repetidos quase imediatamente, além das câmeras de televisão atrás de cada meta – maravilha! Nessa fase, Thiago Uberreich destaca o célebre embate com a Inglaterra, que era a atual campeã mundial.

E, a cada jogo, o autor apresenta também a repercussão da competição nos jornais – inclusive do exterior – e como as agências de turismo, sintonizadas com a euforia nacional, apresentavam pacotes de viagens para aqueles que desejassem acompanhar *in loco* os jogos finais do torneio.

É muito interessante – e original – o capítulo 10, que apresenta em detalhes os trabalhos das emissoras de rádio e televisão, suas equipes, jornalistas que marcaram época, sem esquecer a estrutura dos anúncios publicitários e a forma como eram veiculados.

O autor encerra o livro em um capítulo – o 11, número da camisa de Rivellino, vale lembrar – com um conjunto de informações preciosas. Temos as fichas dos 22 jogadores, os resultados de todos os jogos e pequenas notas de curiosidades sobre o torneio.

Thiago Uberreich, ao longo do livro, demonstra o seu faro jornalístico e de historiador do futebol, apresentando ao leitor um amplo retrato da Copa do Mundo de 1970 e da melhor seleção de todos os tempos – e dá uma saudade...

Marco Antonio Villa
Historiador, escritor, analista político e
torcedor do Santos Futebol Clube.

"Noventa milhões em ação
Pra frente Brasil
Do meu coração
Todos juntos vamos
Pra frente Brasil
Salve a seleção
De repente é aquela corrente pra frente
Parece que todo Brasil deu a mão
Todos ligados na mesma emoção
Tudo é um só coração
Todos juntos vamos
Pra frente Brasil, Brasil
Salve a seleção..."

Letra de "Pra Frente Brasil", de Miguel Gustavo,
hino oficial da seleção na Copa

Sumário

Agradecimentos 7
Apresentação 9
A Copa em preto e branco – Geraldo Nunes 11
Por e para José Paulo de Andrade 21
Prefácio – Marco Antonio Villa 23

1. Depois do fracasso de 1966, a redenção! 29
2. Os militares não mandam em campo 53
3. Começa a maior Copa da história 61
4. Mostrando a que veio: Brasil 4 x 1 Tchecoslováquia 71
5. Jogo de xadrez do século: Brasil 1 x 0 Inglaterra 77
6. Vitória no sufoco: Brasil 3 x 2 Romênia 85
7. Jogo mineiro: Brasil 4 x 2 Peru 91
8. Exorcizando o fantasma: Brasil 3 x 1 Uruguai 99
9. *Nessun Dorma*, a sinfonia final: Brasil 4 x 1 Itália 107
10. Som, imagem e uma conquista imortal: o rádio e a TV em 1970 ... 125
11. As feras de Zagallo 153

Resultados, classificação e curiosidades da Copa de 70 163
Referências 187

Pelé com a bola no duelo contra Portugal
(*Última Hora*/Arquivo Público do Estado de São Paulo)

1
Depois do fracasso de 1966, a redenção!

A hegemonia de oito anos do futebol brasileiro, que começou em junho de 1958, com o título épico na Suécia, e prosseguiu com o bicampeonato no Chile, em 1962, chegou ao fim no dia 19 de julho de 1966. Pelé, manquitolando, depois de ser cassado pelos jogadores portugueses, em Liverpool, prometia nunca mais disputar uma Copa.

No mundial da Inglaterra, após uma preparação equivocada, atabalhoada e desorganizada, comandada pelo cartola João Havelange, então presidente da Confederação Brasileira de Desportos (CBD, atual CBF), a seleção brasileira, treinada por Vicente Feola, campeão em 1958, não passou da primeira fase e ficou em décimo primeiro lugar. A classificação só não foi pior do que a do Brasil em 1934, na Itália, com o décimo quarto lugar. Um editorial publicado na edição 306 da revista *Gazeta Esportiva Ilustrada*, de julho de 1966, culpava diretamente João Havelange pela derrota: "*O sr. João Havelange é um homem de bem. De futebol, todavia, nada entende. Insuflado por uma ala bairrista e vaidosa, destruiu a liderança paulista da chefia do futebol brasileiro. Assumiu o comando do selecionado nacional certo de que, mesmo não gostando de futebol, poderia trazer o 'tri' para o Brasil. Formou uma Comissão Técnica ultrapassada e que, nem de longe, representava o nosso principal esporte*". O texto se refere à decisão de João Havelange de tirar Paulo Machado de Carvalho da chefia da delegação da seleção brasileira.

Conhecido como "Marechal da Vitória", o cartola paulista e empresário de comunicação revolucionou a forma de comandar e foi um dos grandes responsáveis pelo bicampeonato mundial.

Em 1966, a seleção estreou com vitória diante da Bulgária, 2 a 0, no último jogo em que Pelé e Garrincha atuaram juntos em uma Copa do Mundo. Na partida, cada um marcou um gol em cobrança de falta. Os dois, juntos, jamais sofreram uma derrota com a camisa da seleção. Diante dos búlgaros, Pelé foi alvo da violência dos defensores e não pôde ser escalado para o jogo seguinte, contra a Hungria. Tostão o substituiu e fez o único gol brasileiro na derrota por 3 a 1, no primeiro resultado negativo da seleção nacional em Copas desde 1954, quando a equipe comandada por Zezé Moreira perdeu justamente para a Hungria (4 a 2), que, na época, era considerada a melhor equipe do mundo. Pelé voltou a campo para tentar o impossível contra Portugal, ainda pela fase de grupos. O time português era treinado pelo brasileiro Otto Glória e tinha como craque o fantástico Eusébio da Silva Ferreira. O Brasil perdeu para Portugal por 3 a 1, precisou juntar os cacos e deu início à preparação para a Copa de 1970, no México.

Moore, capitão inglês, com a taça, em 1966
(*Última Hora*/Arquivo Público do Estado de São Paulo)

Em sua autobiografia, Pelé conta: "*Demorei algum tempo para me recuperar do desgaste de 1966, tanto física quanto mentalmente. As minhas pernas tinham levado uma surra de jogadores como Zhechev e Morais, e para mim a violência e a falta de espírito esportivo eram tão deprimentes quanto a arbitragem medíocre que permitira que elas ficassem sem punição. A explosão emocional que tive ao dizer que não jogaria outra partida de Copa do Mundo pode ter sido uma reação ao calor da hora, mas foi bastante verdadeira naquele momento. A competição como um todo perdera parte do seu encanto para mim*". Felizmente, Pelé voltou atrás e decidiu jogar a Copa de 70, para o bem do futebol.

Com a eliminação da equipe, na Inglaterra, Vicente Feola deixou o comando da seleção e a CBD voltou a contar com Aymoré Moreira, treinador bicampeão em 1962. No retorno de Aymoré, em 1967, Brasil e Uruguai dividiram o título da Taça Rio Branco. No ano seguinte, a seleção nacional conseguiu vencer a "Celeste Olímpica" e ficou com o título da mesma competição. Foi um período de renovação do futebol brasileiro, com a tentativa de deixar o fracasso de 1966 para trás, mas muito conturbado politicamente.

Depois da derrota em campos ingleses, João Havelange, presidente da CBD, criou a Comissão Selecionadora Nacional (Cosena). Caberia à entidade escolher o treinador da seleção. Foi o caso da volta de Aymoré Moreira e dos demais integrantes da comissão técnica. A Cosena seria formada por uma equipe de "notáveis", como o próprio Paulo Machado de Carvalho.

A seleção brasileira fez uma longa excursão pela Europa em 1968, que começou com uma derrota para a Alemanha Ocidental, vice-campeã mundial, por 2 a 1. A partir desse resultado, o técnico Aymoré Moreira se conscientizou de que precisava fazer uma ampla reformulação na equipe. Ou seja, o Brasil não poderia mais viver do passado, necessitava de um plano bem elaborado visando à próxima Copa. Ainda na Europa, o time nacional venceu a Polônia, por 6 a 3, perdeu para a Tchecoslováquia, por 3 a 2, e passou por Iugoslávia (2 a 0) e Portugal (2 a 0).

Em outubro, o Brasil perdeu para o México, por 2 a 1, em pleno Maracanã, resultado que provocou uma grave crise e gerou contestações sobre o trabalho da comissão técnica. O Brasil continuou com uma campanha irregular em amistosos: empatou com a Alemanha Ocidental, por 2 a 2, e ficou no 3 a 3 diante da Iugoslávia. Os dois jogos também foram disputados no Maracanã.

Já em 1969, o presidente da CBD, João Havelange, resolveu dissolver a comissão técnica. De acordo com reportagem do *Estadão* de 14 de janeiro, a Cosena estava extinta: *"A Comissão Selecionadora Nacional já não existe mais; Paulo Machado de Carvalho deixou de ser o chefe da seleção e o homem forte agora é Antônio do Passo, que dentro de vinte dias apresentará o novo plano da seleção brasileira para a Copa de 1970. Foram estas as decisões de João Havelange, Paulo Machado de Carvalho e Antônio do Passo durante uma reunião secreta realizada ontem à tarde, num dos restaurantes de S. Paulo".*

O Brasil com Aymoré Moreira

25.06.1967 – Brasil 0 x 0 Uruguai – Montevideo
28.06.1967 – Brasil 2 x 2 Uruguai – Montevideo
01.07.1967 – Brasil 1 x 1 Uruguai – Montevideo
09.06.1968 – Brasil 2 x 0 Uruguai – Pacaembu
12.06.1968 – Brasil 4 x 0 Uruguai – Maracanã
16.06.1968 – Brasil 1 x 2 Alemanha – Stuttgart
20.06.1968 – Brasil 6 x 3 Polônia – Varsóvia
23.06.1968 – Brasil 2 x 3 Tchecoslováquia – Bratislava
25.06.1968 – Brasil 2 x 0 Iugoslávia – Belgrado
30.06.1968 – Brasil 2 x 0 Portugal – Lourenço Marques
07.07.1968 – Brasil 2 x 0 México – Cidade do México
10.07.1968 – Brasil 1 x 2 México – Cidade do México
14.07.1968 – Brasil 4 x 3 Peru – Lima
17.07.1968 – Brasil 4 x 0 Peru – Lima
31.10.1968 – Brasil 1 x 2 México – Maracanã
03.11.1968 – Brasil 2 x 1 México – Mineirão
06.11.1968 – Brasil 2 x 1 FIFA – Maracanã
13.11.1968 – Brasil 2 x 1 Coritiba – Curitiba
14.12.1968 – Brasil 2 x 2 Alemanha – Maracanã
17.12.1968 – Brasil 3 x 3 Iugoslávia – Maracanã

A queda de Aymoré Moreira até que era esperada pela imprensa, mas o anúncio do nome do novo treinador da seleção, em 4 de fevereiro de 1969, foi uma surpresa. O jornalista João Saldanha, polêmico, temperamental e comunista foi chamado para ocupar o cargo de técnico do time nacional.

Ativo militante político desde os anos 40, foi filiado ao Partido Comunista Brasileiro (PCB). O biógrafo de João Saldanha, o escritor André Iki Siqueira, revela que a estratégia de João Havelange era justamente calar o maior crítico da CBD: o próprio Saldanha. Havelange sonhava com a presidência da FIFA, fato que se consumou em 1974, e sabia que o tricampeonato seria fundamental para suas aspirações. Sobre a eliminação do Brasil em 1966, João Saldanha fez a seguinte análise: "*Quem no Brasil não sabe que a causa de nossa derrota foi a presunção e a incompetência? Só os 'enlatados'. Mas estes, coitados, podem ser compreendidos. Afinal de contas vivem disso*" (*Última Hora*, 22.08.1966).

João Saldanha, chamado de "João sem medo" por Nelson Rodrigues, sempre teve uma verve afiada e era um crítico dos cartolas e da própria CBD. Mas os dirigentes acreditavam que ele, por ser uma pessoa popular, como comentarista de rádio e de TV, e ter bom trânsito com cartolas paulistas e cariocas, poderia ajudar a melhorar a imagem e a confiança da torcida na seleção. Campeão carioca como treinador pelo Botafogo, em 1957, Saldanha falava fácil e revolucionou a forma de analisar o futebol nos meios de comunicação. Oficialmente, o convite foi feito a ele pelo diretor de futebol da CBD, Antônio do Passo:

Saldanha: "*Isso é uma sondagem ou um convite?*"
Antônio do Passo: "*É um convite*".
Saldanha: "*Então, topo*".

No dia seguinte ao anúncio, o *Estadão* informava: "*A maior surpresa foi o nome do jornalista e radialista João Saldanha para técnico, depois do diretor de futebol Antônio do Passo ter defendido Zagallo por muito tempo. Assim, ficam afastados de uma vez da seleção todos os homens que trabalharam no futebol de São Paulo, como é o caso do técnico Aymoré Moreira e Paulo Machado de Carvalho*". Os amigos mais próximos de Saldanha achavam que ele não duraria muito no cargo e lembravam que a CBD, apesar de ser uma entidade privada, tinha ligações estreitas com o Ministério da Educação e Cultura, pasta comandada por Jarbas Passarinho. Como um comunista poderia estar "trabalhando" para um governo ditatorial? De qualquer forma, era o início da "*corrente para frente*", ou seja, a busca pelo inédito tricampeonato mundial.

Saldanha lendo jornal
(*Última Hora*/Arquivo Público do Estado de São Paulo)

João Saldanha, natural de Alegrete (RS), então com 52 anos, deixava claro: "*A seleção já está escalada. Vamos fazer um time A e um B, sem qualquer mistério na sua formação. Não digo agora os nomes dos jogadores por uma questão de ética, mas todos saberão com muita antecedência quem vai jogar e quem vai ficar no banco, quem será convocado e quem está fora de cogitações*". A seleção seria formada, na maioria, por jogadores do Santos, do Botafogo-RJ e do Cruzeiro: eram as "Feras de Saldanha". O treinador não queria mais que os jogadores da seleção fossem conhecidos por "canarinhos", mas passariam a ser chamados de "feras". Quando foi escolhido, Saldanha não estava treinando nenhum clube, atuava como comentarista.

O João quer 90 milhões de feras.

O Brasil inteiro está nesta jogada.
Você não pode ficar por fora.
Passe no seu Pôsto Shell e coloque no seu carro
o adesivo da CBD autografado pelas feras.
É o símbolo oficial do Comitê Nacional Pró Seleção Brasileira.
Só assim você estará colaborando com o time do João.

Prá frente com as feras!

UNIÃO DE BANCOS BRASILEIROS S.A.

Propaganda publicada em revistas da época (acervo pessoal do autor)

Saldanha estreou no comando da seleção com duas vitórias em amistosos diante do Peru, em Porto Alegre e no Rio de Janeiro. Na partida seguinte, o batismo de fogo: duelo contra a Inglaterra, campeã do mundo, no Maracanã. A seleção derrotou o adversário, de virada, por 2 a 1, gols de Tostão e de Jairzinho. Carlos Alberto perdeu um pênalti, defendido por Gordon Banks. O jogo marcou a despedida de Gylmar dos Santos Neves, goleiro bicampeão, em 1958 e 1962.

Depois da vitória, o cronista Nelson Rodrigues não perdeu a chance de tripudiar os críticos e destacou que Tostão marcou um gol praticamente deitado no gramado: *"E a maioria dos locutores, principalmente os paulistas, continuava a exigir a retirada de Tostão. E, no momento em que mais se exasperavam contra o maravilhoso jogador, Tostão é derrubado, deita-se na grama e faz o gol! Foi um assombro. Em pé, Tostão já é pequeno, pequeno e cabeçudo como um anão de Velásquez. Imaginem agora deitado. Os ingleses ficaram indignados e explico: — um gol como o de Tostão desafia toda uma complexa e astuta experiência imperial. Um minuto depois, ou dois minutos depois, Tostão dá três ou quatro cortes luminosíssimos e entrega a Jairzinho. Este põe lá dentro. Naquele momento*

ruía toda a pose inglesa. Era a vitória e pergunto: — como reagimos diante da vitória? Claro que o homem da arquibancada subiu pelas paredes como uma lagartixa profissional. Mas pergunto: — e os outros? E os outros? A imprensa, o que fez a imprensa? E o rádio? E a TV? Deviam estar virando cambalhotas elásticas, acrobáticas. A Inglaterra pode não ter futebol, mas tem o título. É campeã do mundo. Portanto, vencemos o título. (...) A Inglaterra foi um Bonsucesso. Dirão que estou fazendo um exagero caricatural. Mas, se o Bonsucesso tivesse assassinado a pauladas Maria Stuart, se jogasse à sombra de lord Nelson, lady Hamilton e Dunquerque, e se morasse no palácio de Buckingham — o Bonsucesso faria mais que os ingleses. Batidos em dois minutos, submetidos a um olé inédito e ignominioso, faltou aos nossos adversários a nobilíssima humildade da autocrítica (...)". No texto, Nelson Rodrigues faz referência ao time do Bonsucesso, do Rio de Janeiro.

A vitória diante dos ingleses trouxe confiança, e, apesar de toda polêmica e contestações sobre a capacidade de João Saldanha de comandar a seleção, a vaga para a Copa foi garantida com uma campanha expressiva:

06.08.1969 – Brasil 2 x 0 Colômbia – Bogotá
10.08.1969 – Brasil 5 x 0 Venezuela – Caracas
17.08.1969 – Brasil 3 x 0 Paraguai – Assunção
21.08.1969 – Brasil 6 x 2 Colômbia – Rio de Janeiro
24.08.1969 – Brasil 6 x 0 Venezuela – Rio de Janeiro
31.08.1969 – Brasil 1 x 0 Paraguai – Rio de Janeiro

As seleções da América do Sul foram divididas em três grupos para a disputa das eliminatórias, e o vencedor de cada chave estaria garantido na Copa do Mundo. Brasil, Uruguai e Peru, que eliminou a Argentina, foram os classificados.

A base da seleção brasileira nas eliminatórias era formada por Félix, Carlos Alberto, Djalma Dias, Joel Camargo e Rildo; Piazza e Gérson; Jairzinho, Tostão, Pelé e Edu. Vale comparar essa escalação com a da final de 70: Félix, Carlos Alberto, Brito, Piazza e Everaldo; Clodoaldo e Gérson, Jairzinho, Tostão, Pelé e Rivellino.

Tostão foi o artilheiro do Brasil com dez gols. Na primeira partida contra a Venezuela, o tempo inicial terminou empatado: 0 a 0. Irritado, João

Saldanha não deixou os jogadores entrarem no vestiário durante o intervalo: "*voltem lá e acabem com eles*". No segundo tempo, o Brasil fez cinco gols.

Os jogos contra o Paraguai foram os mais difíceis. Na partida de ida, a seleção enfrentou a pressão da torcida. Em frente à concentração brasileira, os torcedores locais faziam barulho, soltavam rojões e tentavam atrapalhar o sono dos jogadores. De acordo com o relato do jornalista Solange Bibas, teve até uma briga que envolveu atletas brasileiros e o próprio Saldanha com um grupo que estava em frente à concentração. Já no estádio, o treinador ordenou que os jogadores fossem direto ao gramado, antes de ir para os vestiários. Eles levaram uma vaia descomunal e foram alvo de tudo quanto é tipo de objeto. Depois, quando efetivamente os atletas entraram em campo para a partida, os torcedores já não tinham mais o que atirar no gramado. Apesar de toda pressão, o Brasil venceu por 3 a 0, gols de Mendoza (contra), Jairzinho e Edu.

Na partida de volta contra o Paraguai, em 31 de agosto de 1969, Pelé fez o gol salvador. Oficialmente, o Maracanã recebeu naquele dia mais de 180 mil torcedores, empolgados com o desempenho da seleção. Saldanha apostava em um esquema ofensivo, baseado no 4-2-4. Os críticos diziam que a estratégia podia funcionar nas eliminatórias, mas na Copa do Mundo a seleção correria sérios riscos na defesa se enfrentasse equipes como Itália e Alemanha.

Gol salvador de Pelé contra o Paraguai
(*Última Hora*/Arquivo Público do Estado de São Paulo)

Mesmo com o passaporte carimbado para o México, a lua de mel com João Saldanha parecia estar chegando ao fim. Não por parte da torcida, mas com a cúpula da CBD e com os militares. O técnico passou a se envolver em polêmicas, sendo a mais conhecida a relacionada à convocação do jogador Dario, o Dadá Maravilha, do Atlético-MG.

No último amistoso de 1969, disputado em 3 de setembro, a seleção brasileira perdeu para o Atlético-MG, por 2 a 1, no Mineirão. Os jogadores atleticanos vestiram a camisa da seleção mineira naquele dia e um dos gols foi marcado justamente por Dario.

Félix, à esquerda, ao lado de Dario
(*Última Hora*/Arquivo Público do Estado de São Paulo)

Já em 24 de setembro, Tostão sofreu um descolamento de retina em uma partida do Cruzeiro contra o Corinthians, no Pacaembu. Depois de uma cirurgia em Houston, nos Estados Unidos, ele começou a lutar como ninguém para se recuperar e jogar a Copa. Mas a imprensa, desde a contusão, já especulava sobre nomes que eventualmente pudessem substituir Tostão, e Dario, claro, foi um deles.

No fim de novembro, cinco jogadores do grupo das eliminatórias foram desconvocados: Félix, Lula, Djalma Dias, Rildo e Paulo Borges. Saldanha chamou: Ado e Leão (goleiros), Baldocchi, Marco Antônio e Rogério. Na sequência, ainda sairiam Cláudio, Toninho e Scala, por contusão, e entrariam Zé Carlos e Fontana.

Em 3 de fevereiro de 1970, Saldanha anunciou os convocados para o México: Ado, Leão, Carlos Alberto Torres, Zé Maria, Brito, Baldocchi, Fontana, Joel, Everaldo, Marco Antônio, Clodoaldo, Gérson, Wilson Piazza, Rivellino, Jairzinho, Rogério, Dirceu Lopes, Tostão, Pelé, Zé Carlos, Edu e Paulo César. Ou seja, o treinador deixou Dario de fora.

No entanto, desde a derrota da seleção para o Atlético-MG, começou a circular a informação de que o presidente da República, general Emílio Garrastazu Médici, teria declarado que gostaria de ver Dario convocado. Não existe registro sonoro que comprove isso. Médici pode até ter dado a declaração a interlocutores que, interessados em prejudicar João Saldanha, começaram a propagar a informação.

A reação do treinador à suposta fala do presidente é até hoje repetida pela imprensa quando se discute a demissão de João Saldanha. O primeiro amistoso da seleção naquele ano de 1970 foi disputado em 4 de março e o resultado não poderia ter sido pior: 2 a 0 para a Argentina, em Porto Alegre. Antes do jogo no Beira-Rio, Saldanha foi questionado por um repórter:

> Repórter: *"O presidente Garrastazu Médici está no Rio Grande do Sul e ele parece que havia sugerido o nome de Dario para ser convocado. O que você acha da sugestão do presidente?"*
>
> Saldanha: *"O Brasil tem 80 ou 90 milhões de torcedores, de gente que gosta de futebol. É um direito que todos têm. Aliás, eu e o presidente, ou o presidente e eu, temos muitas coisas em comum. Somos gaúchos, somos gremistas, gostamos de futebol e nem eu escalo o ministério e nem o presidente escala time. Você está vendo que nós nos entendemos muito bem".*

Perguntaram ainda ao técnico sobre o que ele tinha achado das condições da grama do estádio do Beira-Rio, palco do duelo com os argentinos:

> — *Não sei. Não como grama!*

Ao analisar as edições dos jornais *Folha de S.Paulo*, *O Estado de S. Paulo* e *O Globo* daquele período, não há nenhuma fala de João Saldanha sobre a crise com Médici. Na edição de *Veja* de 19 de novembro de 1969, há a seguinte referência: "*O deputado Nelson Thibau chegou a propor na Assembleia que se oficiasse o técnico João Saldanha, pedindo a convocação de Dario para a seleção. No seu pedido, Thibau acrescentou um detalhe: caso Dario viesse a ser convocado, Saldanha receberia o título de 'Cidadão Honorário de Belo Horizonte'*". Na *Veja* de 31 de dezembro daquele ano, João Saldanha concedeu entrevista a Nelson Silva e não houve citação a Dario. Saldanha tinha acabado de voltar da Europa, onde ficara por 34 dias, principalmente em países comunistas. Ele justificou que tinha ido observar possíveis adversários da seleção brasileira.

O treinador estava cada vez mais irritadiço, talvez descontente com as pressões feitas por João Havelange, e o caso de Dario seria uma oportunidade para João Saldanha denunciar supostas interferências. Como bom comunicador que era, a história foi ganhando proporções cada vez maiores, e, com o passar dos anos, em qualquer entrevista que concedia, ele sabia que seria perguntado sobre o assunto e não perdia a chance de disparar. Ao Roda Viva da *TV Cultura*, em 1987, João Saldanha declarou que Havelange o pressionava pela convocação de Dario só para agradar ao presidente Médici.

A polêmica envolvendo o jogador do Atlético-MG não foi a única. João Saldanha declarou que Pelé estaria ficando cego! O Rei tinha miopia, é verdade, mas nada que o atrapalhasse dentro das quatro linhas: "*Nos exames médicos, constatou-se um grau mínimo de miopia. Mas uma porção de jogadores é um pouquinho míope, e no meu caso, pelo menos, isso nunca foi problema. Hoje eu brinco que, se não tivesse a vista curta, teria marcado 2.000 gols (Pelé marcou 1.282). A imprensa deitou e rolou, claro, e os comentários sobre a minha visão continuaram por toda a campanha da Copa*", explicou Pelé na autobiografia publicada em 2006. Dois anos antes, em uma coletiva sobre o lançamento do filme "*Pelé Eterno*", o Rei foi questionado sobre a posição de João Saldanha: "*Ele deve ter tido acesso a todos os meus exames médicos. Mas existia uma briga entre ele e o João Havelange, da CBD. E colocaram o Pelé no meio*". A imprensa sempre especulou que a relação entre o jogador e o técnico não era boa.

A história teve uma repercussão enorme e contribuiu ainda mais para o isolamento de Saldanha na seleção. O treinador dizia que o olho que preocupava era o de Pelé, e não o de Tostão. Entrevistado pelo jornal *O Globo*, Dondinho, pai do camisa 10, afirmou que o filho nunca tinha ido ao oculista, e mais: "*Cheguei a pensar que Pelé estava inutilizado para o futebol. Entretanto, quando li as declarações de Saldanha fiquei aliviado, pois o treinador fala apenas em problemas de vista. Pelé nunca se queixou de nada*".

João Saldanha criticava a imprensa e colecionava inimigos, mas, talvez, o fato mais grave tenha sido quando, em 12 de março de 1970, saiu armado atrás do técnico Yustrich, do Flamengo, depois de ter sido chamado por este de ignorante, falastrão, mentiroso e ser acusado de não conhecer futebol. Em 1967, João Saldanha já tinha ameaçado com revólver o goleiro Manga, que o criticou durante um programa de televisão. Ou seja, o "João sem medo" honrava a fama de não levar desaforo para casa.

O incidente com Yustrich foi a gota d'água: em 17 de março de 1970, 78 dias antes da estreia do Brasil na Copa, João Havelange resolveu demitir João Saldanha. O time nacional vinha de um empate diante do Bangu, por 1 a 1, em Moça Bonita, e, na sequência, iria enfrentar o Chile, em amistoso no Morumbi, em São Paulo. Depois de demitido, João Saldanha revelou que pretendia escalar Tostão no lugar de Pelé contra os chilenos, por considerar que o atleta do Santos estava em má fase, e declarou: "*A uma distância de 50 metros, ele não enxerga bem. O Pelé jogou 18 partidas e sempre foi mal, principalmente à noite*".

De acordo com Saldanha, João Havelange disse a ele que a comissão técnica estava dissolvida:

— *O que o senhor quer dizer com dissolvida?* — interveio Saldanha — *Não sou sorvete para ser dissolvido. Quer dizer que estou demitido?*

Até hoje se discute qual foi o papel do governo militar na demissão de João Saldanha. Ainda enquanto estava no cargo, ele aproveitava viagens ao exterior para falar com jornalistas: denunciava a tortura no Brasil e dizia que o presidente Médici era o maior assassino da história país. O presidente da CBD, João Havelange, sempre negou qualquer interferência do regime na seleção brasileira. O fato é que os militares temiam que um comunista fosse campeão do mundo no comando da equipe nacional.

No livro *João Saldanha, uma vida em jogo*, o autor André Iki Siqueira cita um comentário de Saldanha sobre a demissão: "*O fator responsável pela minha demissão foi a covardia e a falta de confiança dos dirigentes no futebol brasileiro. Há três dias, o sr. Havelange me beijou e disse que estaria comigo em qualquer circunstância. Agora me surpreendeu com a notícia*". Já o ministro Jarbas Passarinho declarou: "*A saída de Saldanha, eu decidi por iniciativa própria. Aí sim, o Médici me deu os parabéns. E eu disse: confio que ele vá cair*". E Saldanha caiu, mas viajou para o México como comentarista da TV Globo. Ainda participava da programação da *Rádio Globo* e escrevia para o jornal *O Globo*, veículos de propriedade do empresário Roberto Marinho. De qualquer maneira, "*vida que segue*", como Saldanha gostava de dizer.

Em 25 de março de 1970, os jornais deram ampla cobertura a uma reunião entre João Saldanha, já ex-técnico da seleção, e o ministro Jarbas Passarinho. O *Estadão* informava: "*Saldanha não acusou, fez apenas sugestões (...) falando por mais de uma hora, limitou-se a expor ao ministro da Educação as suas propostas para a moralização do futebol brasileiro e defesa do atleta: organização de uma comissão federal antidoping, extinção do chamado 'contrato de gaveta' e do 'bicho', revisão da lei do passe, isenção no imposto de renda dos jogadores e obrigatoriedade do seguro contra acidente em jogo*". Já o ministro Jarbas Passarinho negou que o governo estivesse intervindo na preparação da seleção e reiterou que não houve manifestação desta ou daquela personalidade para ocupar um cargo ou convocar jogadores.

Chamada publicada nos jornais da época
(acervo pessoal do autor)

Ao contrário do clima pacífico na reunião, João Saldanha escreveu o que chamou de "*Carta aberta ao futebol brasileiro*" para a edição da revista *Placar* de 27 de março de 1970, dando as impressões dele sobre a crise e a demissão. Chamou o médico Lídio Toledo de traidor, em razão das divergências sobre a miopia de Pelé, e defendeu uma espécie de intervenção na CBD. Citou as pressões para a convocação de Dario e concluiu: *"vamos dar apoio à seleção brasileira, mas vamos livrar a seleção da sujeira"*.

O Brasil com João Saldanha

07.04.1969 – Brasil 2 x 1 Peru – Porto Alegre

09.04.1969 – Brasil 3 x 2 Peru – Maracanã

12.06.1969 – Brasil 2 x 1 Inglaterra – Maracanã

06.07.1969 – Brasil 4 x 0 Bahia – Salvador

09.07.1969 – Brasil 8 x 2 Seleção Sergipana – Aracajú

13.07.1969 – Brasil 6 x 1 Seleção Pernambucana – Recife

01.08.1969 – Brasil 2 x 0 Millionários – Bogotá

06.08.1969 – Brasil 2 x 0 Colômbia – Eliminatórias – Bogotá

10.08.1969 – Brasil 5 x 0 Venezuela – Eliminatórias – Caracas

17.08.1969 – Brasil 3 x 0 Paraguai – Eliminatórias – Assunção

21.08.1969 – Brasil 6 x 2 Colômbia – Eliminatórias – Maracanã

24.08.1969 – Brasil 6 x 0 Venezuela – Eliminatórias – Maracanã

31.08.1969 – Brasil 1 x 0 Paraguai – Eliminatórias – Maracanã

03.09.1969 – Brasil 1 x 2 Seleção Mineira – Mineirão

04.03.1970 – Brasil 0 x 2 Argentina – Beira-Rio

08.03.1970 – Brasil 2 x 1 Argentina – Maracanã

14.03.1970 – Brasil 1 x 1 Bangu – Moça Bonita – Rio de Janeiro

CBD escolhe Zagallo

Depois da demissão de João Saldanha, a CBD precisava correr contra o tempo. Além de Zagallo, a imprensa também considerava cotados: Aymoré Moreira, Dino Sani, Oto Glória e Flávio Costa (técnico de 1950). Os cartolas tentaram Dino Sani, ex-jogador campeão mundial com a seleção em 1958, que treinava o Corinthians. Mas ele fez exigências, como a volta de Paulo Machado de Carvalho à comissão técnica, e a CBD não aceitou. O próprio Dino Sani também não se considerava preparado para comandar a seleção.

O plano "B" então foi Zagallo, do Botafogo, que aceitou a missão e já assumiu o cargo em 18 de março, dia seguinte à demissão de João Saldanha. Bicampeão mundial como jogador, em 1958 e 1962, Mário Jorge Lobo Zagallo era discreto, praticamente o oposto do antecessor na seleção. Antes mesmo da escolha de Saldanha, Zagallo já tinha esperanças de ser chamado pela CBD. O treinador reconvocou, de imediato, o goleiro Félix, chamou Roberto Miranda e, claro, Dario (nessa lista ainda estavam Leônidas, zagueiro do Botafogo, e Arílson, ponta do Flamengo, mas os dois foram cortados antes do mundial).

Depois de muita polêmica envolvendo Dadá, o treinador resolveu levar o jogador para a Copa, mas o atleta não atuou em nenhuma partida. O *Estadão* de 21 de março de 1970 destacava: "*Dario agradece sua convocação. Dario apresentou-se apenas ontem à tarde à Comissão Técnica. Eram quase 17 horas quando chegou ao Itanhangá Golf Club, no Rio de Janeiro, em companhia do diretor do Atlético, Fábio Cardoso*". Dario estava em São José dos Campos, interior paulista, quando ficou sabendo da convocação. O jogador demorou a chegar ao Rio, pois foi primeiro para Belo Horizonte resolver problemas pessoais e se despedir de Cleice, sua mulher.

Já na edição de 1º de abril, o *Estadão* citou um elogio de Médici a Dario: "*Foi Médici quem sugeriu a convocação de Dario há algum tempo (...). O presidente sorriu com satisfação e reafirmara sua opinião: 'Pois é, tem que ser assim. Com Dario, e com Tostão também'*".

A partir da direita: Antônio do Passo, Zagallo, Pelé e Lídio Toledo. Parreira está embaixo, à esquerda (*Última Hora*/Arquivo Público do Estado de São Paulo)

A confiança da torcida na seleção ficou abalada com a saída de Saldanha. Zagallo tinha dúvidas sobre a escalação do time para a estreia no México. Ele teimava em dizer que Pelé e Tostão não poderiam jogar juntos. Os torcedores vaiavam o time nacional a cada amistoso. Em um jogo contra a seleção "B" da Bulgária, no Morumbi, que terminou sem gols, Zagallo começou jogando com Tostão e, pasmem, deixou Pelé no banco de reservas! No segundo tempo, colocou o Rei, mas tirou Tostão. O técnico também insistia com Paulo Cézar Caju na ponta esquerda, que, naquele jogo, levou uma das maiores vaias da carreira. A torcida paulista queria Rivellino ou Edu pela esquerda. Riva entrou durante a partida, mas no lugar de Clodoaldo. Zagallo também não se decidia por Jairzinho ou Rogério.

A formação definitiva da seleção brasileira se deu praticamente no último amistoso antes do embarque para o México. Em 29 de abril, o Brasil venceu a Áustria por 1 a 0, no Maracanã, com gol de Rivellino. Dois dias antes, Zagallo tinha feito cortes na equipe. *"Leão é excelente goleiro, mas é muito novo; Ado é mais velho e tem mais experiência e tranquilidade. Dirceu Lopes é um craque, mas não se adaptou ao meu esquema; Zé Carlos também é bom jogador, mas com tanto jogador de meio de campo, era preciso dispensar um ou dois. E Arilson não conseguiu livrar-se da inibição que o caracterizou desde o início dos treinos"*, declarou Zagallo ao jornal *Folha de S.Paulo*.

A partir da esquerda: Carlos Alberto, Gérson, Arilson, Félix, Fontana e Piazza
(*Última Hora*/Arquivo Público do Estado de São Paulo)

Contra a Áustria, eis a escalação: Félix, Carlos Alberto, Brito, Piazza e Marco Antônio; Clodoaldo e Gérson; Rogério (Jairzinho), Tostão, Pelé e Rivellino (Dario). Na Copa do Mundo, o titular da lateral esquerda foi Everaldo; e o da ponta direita, Jairzinho. Já Rogério, do Botafogo, viajou para o México, mas se contundiu. Como era muito querido pelos companheiros, Rogério Hetmanek foi convidado a permanecer com a seleção e trabalhar como "olheiro", um observador das seleções adversárias. O técnico Zagallo ainda tinha tempo para completar a lista de convocados e resolveu chamar novamente Emerson Leão, o terceiro goleiro da equipe. A convocação dele teria sido um pedido de Félix, titular da posição, e de Ado, reserva imediato do camisa 1.

A campanha da seleção brasileira com Zagallo até a estreia, no México, foi a seguinte:

22.03 – Brasil 5 x 0 Chile – Morumbi

26.03 – Brasil 2 x 1 Chile – Maracanã

05.04 – Brasil 4 x 1 Seleção Amazonense – Manaus

12.04 – Brasil 0 x 0 Paraguai – Maracanã

19.04 – Brasil 3 x 1 Seleção Mineira – Mineirão

26.04 – Brasil 0 x 0 Bulgária – Morumbi

29.04 – Brasil 1 x 0 Áustria – Maracanã

06.05 – Brasil 3 x 0 Deportivo Guadalajara – Jalisco

17.05 – Brasil 5 x 2 Deportivo León – León

24.05 – Brasil 3 x 0 Irapuato – Irapuato

A seleção embarcou para o México em 1º de maio, 30 dias antes do início da Copa. A manchete principal do *Estadão* informava: "*Seleção parte em busca da Copa*". O texto destacava: "*Com uma delegação de 43 pessoas, a seleção do Brasil embarca hoje às 23 horas, para o México pelo voo 841 da Varig, a fim de tentar conquistar pela terceira vez e de maneira definitiva a Taça Jules Rimet, que perdeu em 1966, para a Inglaterra. O embarque seria às 22 horas, mas foi adiado porque os torcedores de Guadalajara querem fazer uma saudação aos brasileiros, quando estes chegarem à cidade, amanhã às 7 e 40. Antes, o avião fará escala em Lima e Bogotá. A delegação ficará até o dia 7, em Guadalajara, viajando depois para Guanajuato. No dia 6, a seleção joga contra o Guadalajara, na festa de reinauguração do estádio Jalisco, onde serão disputadas as oitavas de final do grupo em que está o Brasil. Em Guanajuato, a delegação ficará até o dia 29, viajando nesse período para León, onde jogará com equipes ainda desconhecidas; depois, voltará para Guadalajara, ultimando os preparativos para os jogos da Copa"*.

No total, foram cerca de 20 dias treinando em Guanajuato, que fica a mais de 2 mil metros acima do nível do mar. Até hoje a cidade turística guarda marcas da passagem da seleção. O Hotel Parador San Javier, que hospedou os atletas, praticamente não sofreu modificações arquitetônicas. A seleção treinou no campo Nieto Pina, pertencente à Universidade de Guanajuato. Já os jornalistas ficaram no Hotel Castillo Santa Cecília, uma construção medieval. A revista O Cruzeiro mencionava o isolamento da seleção: *"(...) Em Guanajuato, conforto não basta para preencher o isolamento da seleção. Ali, o tempo não passa. (...) De manhã, o treino; à tarde, o descanso nos jardins. Uma boa sinuca pela noite. (...) Pelé engana a saudade com um violão. Ele quer fazer uma música sobre a Copa"*.

Gérson (ao fundo), Leão, Jairzinho e Ado
(*Última Hora*/Arquivo Público do Estado de São Paulo)

Pela primeira vez na história, a comissão técnica deu muita atenção à preparação física, talvez aí um sinal da presença de militares no comando (como veremos no próximo capítulo). Nos treinamentos, era utilizado o método *Cooper* (idealizado pelo preparador físico norte-americano Kenneth H. Cooper, em 1968), que ajudava a verificar o condicionamento físico dos atletas. A avaliação era feita por meio de uma corrida de obstáculos com duração de 12 minutos.

O trabalho de preparação física da seleção foi comandado por Admildo Chirol. Os auxiliares dele eram Carlos Alberto Parreira, Cláudio Coutinho e Raul Carlesso, os dois últimos vindos de carreira militar. Ao treinar em uma cidade com mais de 2 mil metros acima do nível do mar, a seleção esteve preparada para jogar em Guadalajara (1.600 metros) e na Cidade do México (2.300 metros). O zagueiro Brito foi considerado o atleta com o melhor preparo físico na Copa, entre todas as seleções.

Rivellino, Leão e Piazza (*Última Hora*/Arquivo Público do Estado de São Paulo)

Em Guadalajara, o Brasil ficou hospedado no Hotel Suítes Caribe e treinou no campo do Clube Providência. Até hoje, existe no local uma placa em homenagem a Pelé: "*Edson Arantes do Nascimento, exemplo de juventude no mundo*".

Em Guadalajara, o Brasil recebe as boas-vindas
(*Última Hora*/Arquivo Público do Estado de São Paulo)

Os europeus, principalmente, sentiram muito o calor no México e normalmente caíam de produção no decorrer dos jogos. Já a seleção brasileira, pelo contrário, tinha sempre melhor desempenho físico e técnico no segundo tempo. Os números são incontestáveis: dos 19 gols marcados pela equipe de Zagallo, 12 saíram na etapa final. Dos 7 sofridos, apenas 2 foram marcados pelos adversários no segundo tempo. Dos 6 jogos da campanha vitoriosa, 4 terminaram empatados no primeiro tempo (Tchecoslováquia, Inglaterra, Uruguai e Itália).

O grupo brasileiro que embarcou para a Copa teve três meses de preparação (muito tempo para os padrões de hoje), sendo o último já em terras mexicanas. Na época, a imprensa noticiou que jogadores fizeram uma reunião com Zagallo para definir os titulares da equipe, mas o treinador e os próprios atletas sempre negaram a informação. Zagallo conservou a estrutura de João Saldanha, mas não manteve o 4-2-4, modificando o esquema para o 4-3-3. Na prática, a seleção de 70 se notabilizou por atacar, mas, na hora de se defender, todos ajudavam. O técnico confirmou para a estreia: Félix no gol; Carlos Alberto na lateral direita; Brito na zaga, e recuou Piazza do meio-campo para compor a defesa com Brito; Everaldo foi escolhido para a lateral esquerda, depois de uma contusão sofrida por Marco Antônio; Clodoaldo foi o titular no meio, ao lado de Gérson; Rivellino atuou na ponta esquerda e o ataque contou com Pelé, Tostão (que atuava mais à frente) e Jairzinho.

Tostão, Rivellino e Ado
(*Última Hora*/Arquivo Público do Estado de São Paulo)

Delegação brasileira na Copa de 1970

Chefe: Major-brigadeiro Jerônimo Bastos

Secretário: Major Roberto Câmara Lima Ipiranga dos Guaranys

Assistente administrativo: Walter José dos Santos

Delegados nos Congressos da FIFA: Sylvio Corrêa Pacheco, Abílio de Almeida e José Ermírio de Moraes Filho

Tesoureiro: Sebastião Martinez Alonso

Jornalista: Achilles Chirol

Comissão técnica

Presidente: Antônio do Passo

Supervisor: Cláudio Coutinho

Preparadores físicos: Admildo Chirol e Carlos Alberto Parreira

Treinador: Mário Jorge Lobo Zagallo
Administrador: José de Almeida Filho
Assessor da Presidência da Comissão: Tarso Herédia de Sá
Médicos: Lídio Toledo e Mauro Pompeu
Massagista: Mário Américo
Roupeiro: Abílio José da Silva
Cozinheiros: Edgard Barbosa e Mário Vieira da Rocha

Jogadores

Goleiros: Félix (Fluminense), Ado (Corinthians) e Leão (Palmeiras)

Zagueiros e laterais: Carlos Alberto Torres (Santos), Zé Maria (Portuguesa), Brito (Flamengo), Baldocchi (Palmeiras), Piazza[1] (Cruzeiro), Fontana (Cruzeiro), Joel Camargo (Santos), Marco Antônio (Fluminense) e Everaldo (Grêmio)

Meio de campo: Clodoaldo (Santos), Rivellino (Corinthians) e Gérson (São Paulo)

Pontas e atacantes: Jairzinho (Botafogo), Tostão (Cruzeiro), Dario (Atlético-MG), Pelé (Santos), Paulo Cézar Lima (Botafogo), Roberto Miranda (Botafogo) e Edu (Santos)

---

1   Piazza era jogador de meio de campo, mas foi improvisado na zaga por Zagallo.

"Façam muitos gols."

(Pedido do presidente Médici aos jogadores)

Delegação brasileira com o presidente Médici
(*Última Hora*/Arquivo Público do Estado de São Paulo)

2

Os militares não mandam em campo

Quem ligasse a TV naqueles tempos de ditadura se deparava com propagandas, músicas e frases marqueteiras, como: "*Brasil, ame-o ou deixe-o*" e "*Ninguém segura esse país*". Uma canção da época era *Eu te amo, meu Brasil*, da dupla Dom & Ravel: "*Eu te amo, meu Brasil, eu te amo/Meu coração é verde, amarelo, branco, azul-anil/Eu te amo, meu Brasil, eu te amo/Ninguém segura a juventude do Brasil*". Já a música *Pra Frente Brasil*, de Miguel Gustavo, virou hino da seleção:

> *Noventa milhões em ação*
> *Pra frente Brasil, do meu coração*
> *Todos juntos vamos, pra frente Brasil*
> *Salve a seleção!!!*
> *De repente é aquela corrente pra frente,*
> *parece que todo o Brasil deu a mão!*
> *Todos ligados na mesma emoção,*
> *tudo é um só coração!*
> *Todos juntos vamos, pra frente Brasil!*
> *Salve a seleção!*

A música foi a vencedora de um concurso organizado pelos patrocinadores das transmissões dos jogos da Copa (ver mais no capítulo 10). O presidente do Brasil em 1970 era o general Emílio Garrastazu Médici, associado ao período mais ferrenho da ditadura. O AI-5, que estava em vigor desde 13 de dezembro de 1968, cerceava a liberdade dos cidadãos, autorizava o governo a cassar mandatos, acabava com o *habeas corpus* e, entre outros itens, amordaçava os jornais com censura. Eram os "anos de chumbo", período em que mais se praticou tortura contra os opositores do regime. As guerrilhas, rural e urbana, também mostravam suas garras e promoviam atentados, assaltos a bancos e sequestros de embaixadores. A historiadora Mary del Priore nos lembra no volume 4 de *Histórias da gente brasileira* que: "*A Oban, Operação Bandeirante, tinha por objetivo empreender ações de captura e desmonte de grupos armados usando métodos marcadamente violentos. Em 1970, foram criados os Centros de Operações de Defesa Interna (Codi) e os Destacamentos de Operações e Informações (DOI). Todos congregavam membros das três Forças, bem como policiais civis e militares*".

Esse cenário fez com que torcedores brasileiros mais politizados adotassem uma postura contrária à seleção que iria disputar a Copa do Mundo, no México. A ditadura aproveitaria a conquista do tricampeonato para se promover, e a população seria usada como massa de manobra.

Em *O Pasquim*, semanário alternativo de contestação do regime, o cartunista Henfil analisava: "*O máximo de radicalismo crítico era torcer contra a seleção, como uma forma de protestar contra o esquema repressivo que o governo tinha acionado. (...) Em geral, os escrúpulos da consciência crítica duravam pouco. Ao primeiro ataque bem-sucedido da seleção canarinho, todos viravam torcedores fanáticos*". Foi o que se viu: no decorrer da Copa, com o futebol excepcional apresentado pela seleção, muitos que tinham decidido torcer contra mudaram de postura e se convenceram de que o futebol era uma coisa e a ditadura era outra bem diferente.

Diziam que os militares tinham três projetos: a Transamazônica, a Ponte Rio-Niterói e o tricampeonato mundial de futebol. Depois da conquista, os campeões foram recebidos em Brasília pelo presidente Médici. Em São Paulo, o prefeito Paulo Maluf deu um carro Fusca para cada atleta.

Durante o período em que João Saldanha comandou a seleção, os militares já eram figuras presentes na comissão técnica, mas, depois da queda dele, a seleção ficou ainda mais "militarizada". O treinador Zagallo era muito mais alinhado ao *establishment* do que Saldanha. Mas será que os militares interferiram de alguma maneira dentro de campo, nas escalações e em orientações aos jogadores? Esse é um assunto pouco estudado quando se fala na seleção de 1970. São raros os livros e os trabalhos acadêmicos que mencionam a "militarização" da equipe nacional que disputou a competição no México.

Uma dessas obras que tratam do tema é *Da ditadura à ditadura: uma história política do futebol brasileiro (1930-1978)*, de Euclides de Freitas Couto. De acordo com o autor, na época da Copa de 1966 o presidente Castelo Branco, o primeiro do regime militar, não tinha interesses políticos em relação ao futebol. Mas, depois da derrota na Inglaterra, o mau resultado deu margem aos adversários de João Havelange, na CBD, e à "linha dura" do regime a pressionar por uma espécie de intervenção. Eles defendiam a necessidade de trazer mais disciplina à seleção e investir no aprimoramento físico dos jogadores. A criação da Cosena é um exemplo da tentativa de mudança na preparação.

Euclides de Freitas Couto cita uma reportagem do *Jornal dos Sports*, de 4 de dezembro de 1968, em que o presidente Costa e Silva, sucessor de Castelo Branco, cobrou de João Havelange e do diretor da CBD, brigadeiro Jerônimo Bastos, que o Brasil fizesse de tudo para não perder a Copa de 1970. Os "ingredientes" seriam: disciplina, treinamento, hierarquia e patriotismo. Costa e Silva defendeu ainda a criação de um novo projeto de Loteria Esportiva para arrecadar dinheiro ao futebol.

A Copa de 1966, perdida pelo Brasil, foi marcada por violência, erros de arbitragem e a sobreposição do físico em relação à parte técnica. Depois do mundial, vencido pela Inglaterra, os analistas se questionavam: o futebol força desbancaria o futebol arte? A seleção de 70 foi a mistura das duas coisas: manteve o futebol arte, por causa da grande técnica de suas estrelas, mas se diferenciou das demais seleções na parte física.

Em entrevista à revista *Manchete*, João Havelange revelou detalhes sobre a preparação física: "*Montado o organograma, escolhemos os nossos preparadores físicos. Um deles esteve em Joinville-le-Pont (França) durante um ano e meio e posteriormente esteve na NASA (EUA), outro esteve na Iugoslávia e outro ainda na Inglaterra. Os conhecimentos adquiridos durante essas visitas internacionais foram altamente úteis ao aprimoramento de nosso programa técnico na parte física. Fez-se então a previsão de todo o trabalho que seria desenvolvido com os jogadores, na Escola de Educação Física do Exército".*

Os governos militares, a partir daquele momento, elevaram o esporte à "razão de Estado", e a educação física passou a ser prioridade, principalmente nas escolas. Em 1968, tinha sido criada a Agência Especial de Relações Públicas (Aerp), responsável por campanhas publicitárias ufanistas que exaltavam os valores nacionais e que traziam temáticas como educação no trânsito, limpeza urbana e campanhas de vacinação. Era uma tentativa do regime de estar presente na vida do cidadão. Em relação ao esporte, a Aerp usou e abusou da figura de Pelé. De acordo com a pesquisa de Euclides de Freitas Couto, Pelé teve reuniões com o ministro da Educação, Jarbas Passarinho, que exaltava a postura do camisa 10 da seleção em prol das crianças pobres. Em 1969, Pelé havia marcado o milésimo gol da carreira contra o Vasco da Gama, no Maracanã, e aproveitou os holofotes para pedir justamente a atenção das autoridades às crianças carentes.

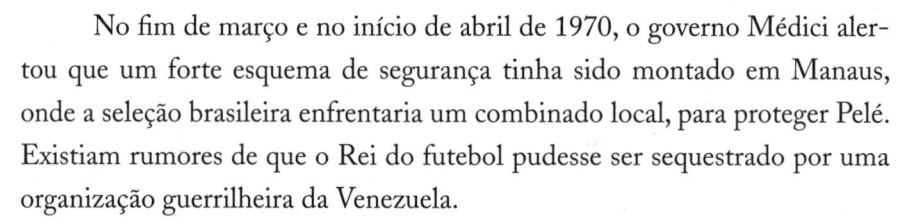

No fim de março e no início de abril de 1970, o governo Médici alertou que um forte esquema de segurança tinha sido montado em Manaus, onde a seleção brasileira enfrentaria um combinado local, para proteger Pelé. Existiam rumores de que o Rei do futebol pudesse ser sequestrado por uma organização guerrilheira da Venezuela.

O governo também tentou associar a todo custo a imagem do presidente Médici ao futebol. Era comum a divulgação de fotos dele nas tribunas dos estádios com um aparelho de rádio colado ao ouvido. Durante a Copa, a publicidade oficial distribuía à imprensa imagens do presidente da República assistindo aos jogos da seleção pela TV enrolado na bandeira nacional.

Uma reportagem "chapa branca" da revista *Manchete*, publicada na edição comemorativa sobre a conquista do tricampeonato, tinha o seguinte título: *"Estado Maior"*. Era uma alusão aos militares que faziam parte da comissão técnica da seleção: "*O tri não foi conquistado apenas no campo. No México, o Brasil tinha outro escrete, que jogava nos bastidores. Nesse sentido, a administração do time foi perfeita. O comandante era um brigadeiro, Jerônimo Bastos. Um cearense atarracado, porte militar, olhar muito agudo e homem de fino trato. Ele não se intitulou Brigadeiro da Vitória, como poderia, depois do triunfo. Na verdade, tornou o mais impessoal possível a sua missão. Cumpriu-a como brasileiro, pessoa de confiança do presidente da República".*

A reportagem ainda exaltava, com muita adjetivação, outros integrantes: "*O Major Guaranis era, oficialmente, secretário da delegação. Atendia a ordens diretas do brigadeiro e foi o homem que cuidou para que a tranquilidade dos jogadores não fosse prejudicada nas horas de folga. Válter Santos, o homem dos serviços, trabalhava em estreita ligação com o major. Mas o Brasil ainda tinha dois outros gigantes para a partida extraestádio. Sylvio Pacheco e Abílio de Almeida. Foram eles que travaram as duras batalhas do Congresso da FIFA e Abílio de Almeida foi o principal responsável pela manutenção do jogo Brasil x Uruguai em Guadalajara, fato que resultou em severos protestos dos uruguaios. Abílio é, hoje, vice-presidente eleito da Fifa*". A citação indica a interferência da comissão técnica do Brasil para conseguir manter o estádio Jalisco, em Guadalajara, como palco do duelo da semifinal. Até hoje, os uruguaios reclamam que o jogo deveria ter sido disputado no Azteca, na Cidade do México.

Apesar de toda a preocupação dos militares com a preparação física da seleção, o uso da imagem dos jogadores para promover o esporte e a tentativa de mostrar que o Brasil era um país grande, não houve nenhum tipo de interferência nas escalações definidas por Zagallo. Como já destacamos, o jogador Dario foi convocado para a Copa, como queria o presidente da República, mas ele não entrou em campo.

Dias antes do embarque, Médici recebeu os jogadores, conforme relato da *Revista do Esporte*: "*Às vésperas da viagem da seleção brasileira para o México, o presidente Emílio Garrastazu Médici recebeu a delegação da CBD, no Palácio Laranjeiras, no Rio, para as despedidas oficiais. Na oportunidade, o chefe do governo disse a Zagallo que confiava no escrete e pediu aos atacantes, principalmente a Dario – do qual é admirador –, que fizessem muitos gols. Prometeu, também, que se o Brasil for campeão mundial, dará a cada jogador, técnico e massagista, como prêmio, a concessão para revenderem apostas da Loteria Esportiva*". O regime tentou, por meio do futebol, conseguir legitimidade popular e se aproveitou da euforia provocada pela conquista do mundial.

A imprensa da época também publicava informações sobre o apoio financeiro recebido pela CBD. Hoje, a CBF (criada em 1979) tem inúmeros parceiros comerciais privados. Mas e em 1970? João Havelange, ainda na entrevista concedida à *Manchete*, agradeceu um a um aos patrocinadores da seleção: "*Finalmente, não podemos deixar de lembrar que, na parte financeira, ao lado do apoio que tivemos da parte do Embaixador Walter Moreira Salles, presidente da União de Bancos Brasileiros, tivemos também o trabalho do banqueiro Carlos Alberto Vieira, presidente do Banco do Estado da Guanabara, uma presença de todas as horas. Jovem, dinâmico e compreensivo, não faltou à entidade em nenhum momento para tudo aquilo que ela desejava e necessitava no setor financeiro. Tivemos também no Banco Mineiro do Oeste, na pessoa do seu presidente, Sr. João do Nascimento Pires, um apoio inestimável, traduzido na maneira sempre amiga pela qual nos assistiu permanentemente um de seus diretores, o Sr. Colen. Não poderíamos deixar de citar também o auxílio do Banco Comercial do Estado de São Paulo, por meio do seu diretor no Rio de Janeiro, Sr. Nélson Vaz Moreira. É preciso não esquecer, finalmente, do apoio do governador Negrão de Lima (Guanabara), por intermédio da secretaria da saúde, do Exército Brasileiro, pela Escola de Educação Física do Exército, que cedeu suas instalações e nos deu toda a assistência no preparo físico dos atletas, e o Itanhangá Golf Clube, que também cedeu suas instalações*". A maioria dos patrocinadores, ligados a bancos, era simpática ao regime. O historiador Marco Antonio Villa ressalta que o PIB brasileiro cresceu 10% em 1970 e a vitória da seleção era a vitória da eficiência econômica do regime. Era o Brasil dos tecnocratas e do milagre econômico.

Um dos jogadores mais politizados da seleção era Tostão. Em uma histórica entrevista concedida ao semanário alternativo *O Pasquim*, publicada em maio de 1970, ele foi questionado sobre o momento político do Brasil e as restrições de liberdade: "*Eu acho que isso é um direito de todo homem, está escrito na Constituição, isso é lei. Mas infelizmente... Quer dizer, está na Declaração dos Direitos do Homem. Às vezes, a gente tem que ficar sujeito a coisas que vêm de cima, então a gente não pode dizer o que quer, o que pretende. O certo seria que todo mundo tivesse as suas ideias, falasse as suas ideias e mostrasse o que pensa, o que acha, e não a gente ficar numa coisa só e ficar sujeito a aceitar isso e não poder dizer mais nada, eu acho isso errado*". O texto de apresentação da entrevista foi escrito por João Saldanha. A capa trazia a caricatura de Tostão, feita pelo cartunista Fortuna:

Tostão em destaque na capa de *O Pasquim*
(acervo pessoal do autor)

Dois filmes retratam bem o período da ditadura e a conquista do tricampeonato mundial de futebol: *Pra Frente, Brasil*, de 1982, dirigido por Roberto Farias, e *O ano em que os meus pais saíram de férias*, de 2006, dirigido por Cao Hamburger.

Deixemos agora o regime militar de lado e nos concentremos no futebol arte e no espetáculo que foi a conquista em 1970. O mundial vai começar!

"Jamais uma Copa do Mundo começou com tanta pompa."

(Revista *Manchete*)

Cerimônia de abertura no Azteca
(*Última Hora*/Arquivo Público do Estado de São Paulo)

3

Começa a maior Copa da história

O México foi escolhido como sede da Copa de 1970 no dia 8 de outubro de 1964, durante um Congresso da FIFA em Tóquio, em plena Olimpíada que estava sendo organizada pela capital japonesa. A Argentina também queria receber o mundial, mas os mexicanos levaram a melhor, pois já vinham montando a estrutura para receber os Jogos de 1968. Os países europeus, principalmente, não queriam a Copa no México e apontavam a altitude das cidades e o calor como complicadores. Mas os mexicanos ganharam a briga e organizaram um excelente campeonato.

Ainda para a Olimpíada, foi construído o gigante e belíssimo estádio Azteca, com capacidade para quase 110 mil torcedores. Os estádios de Jalisco, que foi a casa do Brasil, com 70.878 lugares, e Toluca (32 mil) já existiam e passaram por reformas para a Copa. As praças de Puebla (31 mil) e León (30 mil) foram construídas especialmente para o mundial. No total, 71 dos 138 filiados da FIFA, na época, participaram das eliminatórias. Um povo festivo, empolgado com as estrelas do futebol e, claro, com a seleção de seu país, recebeu de braços abertos os 15 visitantes classificados.

A fórmula de disputa foi a mesma das três Copas anteriores: 16 seleções, divididas em 4 grupos. As duas primeiras de cada chave se classificavam para as quartas de final, disputadas no sistema de mata-mata. Os grupos foram sorteados no dia 10 de janeiro de 1970, um sábado, no Hotel Maria Isabel, na Cidade do México. Mais de mil pessoas lotaram o salão *Independência*.

O sorteio foi transmitido para o Brasil pela TV e começou por volta das 18 horas. O *Estadão* informava: *"No fundo do salão, estavam os 149 membros do Comitê da Copa do Mundo e do Comitê Executivo da FIFA, e atrás deles, um grande emblema do campeonato – a bola de futebol estilizada sobre 'México-70' – e as bandeiras dos 16 participantes do Mundial".* As autoridades do futebol estavam presentes: *"Diante de uma pequena mesa, sentaram-se Stanley Rous, presidente da FIFA, Corona Del Rosal, prefeito da Cidade do México, Guillermo Cañedo, presidente do Comitê Organizador da Copa, e uma menina de 10 anos, Mônica Maria, filha de Cañedo. Sobre a mesa, quatro taças de cristal com tampas vermelhas".*

O presidente da FIFA, "Sir" Stanley Rous, foi questionado pelos jornalistas sobre quais seriam os favoritos ao título, mas ele se recusou a dar palpite. Disse apenas que tinha esperança de que, por razões econômicas, o México chegasse ao menos às semifinais. No entanto, os donos da casa foram eliminados pela Itália nas quartas de final. A seleção brasileira ficou no Grupo 3, considerado o mais difícil, com a Inglaterra, campeã mundial, a Tchecoslováquia, seleção duas vezes vice-campeã (1934 e 1962), e a Romênia. A cidade sede foi Guadalajara, capital do Estado de Jalisco e a segunda cidade do México, tanto em tamanho quanto em importância econômica. Está a 585 quilômetros de distância da capital.

A Copa de 1970 representou um marco por causa de duas novidades em relação às regras do futebol: a introdução dos cartões amarelo (advertência) e vermelho (expulsão) e as substituições de até dois jogadores durante as partidas. Em relação aos cartões, a FIFA tomou a decisão depois da confusão no jogo da Copa anterior entre Inglaterra e Argentina. O argentino Rattín foi expulso (verbalmente) depois de reclamar da arbitragem, chegou a pedir um intérprete para falar com o árbitro alemão, mas não foi atendido. Com os cartões, amarelo e vermelho, todo mundo passaria a se entender. Realmente, o nível de arbitragem em 1970 foi melhor do que em 1966. No mundial do México, nenhum cartão vermelho teve de ser apresentado, enquanto o amarelo foi aplicado 51 vezes.

Com os grupos definidos, os jornais brasileiros publicavam anúncios de empresas de turismo que ofereciam pacotes para o México com *"suavíssimas prestações"*. Vamos para Copa?

> **NÃO FIQUE NA RESERVA**
> **VÁ AO MEXICO CONOSCO**
> Pagamentos em Suavíssimas Prestações
> AS "FERAS" DO SALDANHA VÃO TRAZER A COPA DE VOLTA
> AGORA VOCÊ PODERÁ IR AO MEXICO ASSISTIR AO MUNDIAL DE FUTEBOL
> CALIFORNIA TURISMO E NOVOMAR TURISMO LÁ ESTIVERAM PREPARANDO O CAMINHO PARA VOCÊ...
> HOTÉIS — CONTINENTAL HILTON, CRISTOBAL COLON E CAMINHO REAL
> INGRESSOS — CATEGORIA ESPECIAL NUMERADOS
> PAGAMENTOS PARCELADOS E, O MAIS IMPORTANTE A EXPERIENCIA DA CALIFORNIA E NOVOMAR, JUNTAMENTE COM A PAN-AMERICAN, A LINHA AEREA DE MAIOR EXPERIENCIA DO MUNDO VA CONOSCO.
> ESTE ANO A COPA SERÁ DAS "FERAS"... E O MEXICO SERÁ SEU.
> **CALIFORNIA TURISMO LTDA.**
> Embratur 185/67 — Categoria "A"
> Av. S. Luis, 50, 5.o andar, conj. 51, Ed. Itália
> Telefones: 257-2141 - 257-2142 - 257-2143 - 257-2144 e 257-2145

Propaganda publicada nos jornais da época
(acervo pessoal do autor)

O texto diz que "as Feras do Saldanha" vão trazer a Copa de volta. O anúncio foi publicado na *Folha de S.Paulo* e no *Estadão* um dia depois do sorteio, quando o técnico da seleção ainda era João Saldanha.

Na América do Sul, a grande ausência foi a da Argentina, desclassificada pela seleção peruana, formada por uma boa geração e comandada pelo brasileiro Didi, campeão mundial em 1958 e 1962. Ainda nas américas, El Salvador chegou ao mundial pela primeira vez, após derrotar Honduras nas eliminatórias da Concacaf. A rivalidade no futebol reacendeu uma velha disputa de terras entre os dois países. Em julho de 1969, dias depois das partidas decisivas entre El Salvador e Honduras, começou um conflito armado que ficou conhecido como "A Guerra das Cem Horas". Ao menos 6 mil pessoas morreram. Outro país que estreava em Copas era o Marrocos.

Na Europa, grandes seleções, como França, Espanha, Portugal e Hungria, que estiveram em 1966, além de Iugoslávia, Holanda e Escócia, não se classificaram. A Romênia, que deu trabalho ao Brasil na terceira rodada da Copa, venceu seu grupo nas eliminatórias, que tinha Grécia, Suíça e Portugal. Já a seleção de Israel chegou ao mundial pela primeira vez e arrancou um empate heroico com a Itália no Grupo 2.

Abertura

A revista *Manchete* exaltava o início da IX Copa do Mundo, em 31 de maio, um domingo: "*Foi uma festa de requinte latino, no cenário do imponente Es-*

tádio Azteca, totalmente lotado. Há dois anos, os mexicanos já tinham conquistado o mundo com sua inigualável cerimônia de abertura dos Jogos Olímpicos. (...) Quando a banda da Marinha despontou no grande portão do estádio, exatamente às 11 horas, do dia 31 de maio de 1970, o espírito de Copa reinava. A cerimônia foi transmitida para o mundo inteiro pela televisão, por meio de satélites artificiais. Foi uma grande vitória para o futebol, porque foi a maior propaganda que já se fez dele".

O presidente do México, Gustavo Díaz Ordaz, que entregaria a taça de campeão para o capitão Carlos Alberto Torres, em 21 de junho, declarou a Copa oficialmente aberta e deu o pontapé inicial. Até mesmo o papa Paulo VI mandou mensagem aos torcedores de todo o planeta: *"Nesta época de tantos conflitos e divisões em todo mundo, é desejo da Santa Sé que, neste acontecimento de que o México é anfitrião, exista harmonia e paz. Ao mesmo tempo faço um apelo, não somente aos 16 países aqui representados como também a toda a humanidade, para que, acima de todas as diferentes políticas, ideológicas e raciais, exista união e terminem os graves problemas que afligem o mundo".*

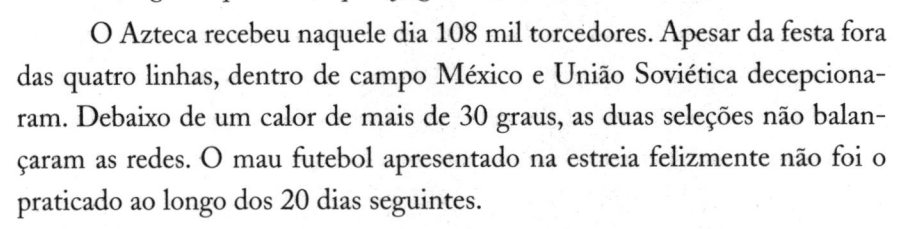

O Azteca recebeu naquele dia 108 mil torcedores. Apesar da festa fora das quatro linhas, dentro de campo México e União Soviética decepcionaram. Debaixo de um calor de mais de 30 graus, as duas seleções não balançaram as redes. O mau futebol apresentado na estreia felizmente não foi o praticado ao longo dos 20 dias seguintes.

A Copa de 1970 é considerada até hoje a melhor da história. Foi esse o resultado de uma pesquisa feita nos anos 2000 pela revista *World Soccer*, do Reino Unido. O mesmo levantamento apontou a seleção do tricampeonato como a melhor da história, e a partida da semifinal, entre Itália e Alemanha (4 a 3), como o jogo do século 20!

Primeira fase

Grupo 1 (Cidade do México – Azteca)
México 0 x 0 União Soviética
Bélgica 3 x 0 El Salvador
União Soviética 4 x 1 Bélgica
México 4 x 0 El Salvador
União Soviética 2 x 0 El Salvador
México 1 x 0 Bélgica

A seleção mexicana, empurrada pelos fanáticos torcedores, garantiu o segundo lugar da chave depois da vitória diante da Bélgica com gol de pênalti, marcado por Peña. O meio-campo Alberto Onofre, aposta do técnico Raúl Cárdenas, quebrou a perna dias antes da Copa e não entrou em campo.

A União Soviética era uma equipe que estava passando por um processo de renovação, mas ainda contava com a lenda Lev Yashin no gol, chamado de "aranha negra". Aos 40 anos, ele chegou a ir ao México, mas se contundiu antes da estreia, ficando de fora daquela que seria a quarta Copa da carreira. A URSS tinha como destaque o atacante Anatoliy Byshovets, autor de dois gols contra a Bélgica e mais dois sobre El Salvador. Ligado ao Dínamo de Kiev, fez carreira como treinador, depois de pendurar precocemente as chuteiras por causa de uma contusão.

A Bélgica tinha uma seleção razoável, mas foi goleada pelos soviéticos e ainda perdeu para o México.

A aguerrida seleção de El Salvador sofreu 11 gols e ficou em último lugar na Copa do Mundo. Destaque para o simpático goleiro Raúl Alfredo Magaña, que usava uma boina durante as partidas para se proteger do sol.

Grupo 2 (Puebla e Toluca)
Uruguai 2 x 0 Israel
Itália 1 x 0 Suécia
Itália 0 x 0 Uruguai
Suécia 1 x 1 Israel
Suécia 1 x 0 Uruguai
Itália 0 x 0 Israel

Assim como o Brasil, a Itália, comandada por Ferruccio Valcareggi, tentava se reerguer após uma campanha vergonhosa na Copa de 1966. No mundial da Inglaterra, a "Squadra Azzurra" não passou da primeira fase e foi eliminada pela Coreia do Norte, 1 a 0, gol marcado por Pak Doo-ik. Na volta para casa, os italianos foram recebidos por uma chuva de ovos e tomates. A geração de 70 era boa e tinha nomes como Giacinto Facchetti, Luigi Riva, Sandro Mazzola, Roberto Boninsegna e Gianni Rivera, considerado o melhor jogador europeu em 1969. No entanto, a imprensa não perdoou o técnico italiano por não escalar Rivera como titular. A Itália marcou apenas um gol na primeira fase, empatou com o Uruguai e, pasmem, com Israel, mas terminou na liderança.

O Uruguai, treinado pelo polêmico Juan Eduardo Hohberg, perdeu para a Suécia e ficou em segundo lugar. Uma das baixas foi a contusão, ainda no primeiro jogo da Copa, do atacante Pedro Rocha. O atleta, que marcou época no Brasil, atuando com a camisa do São Paulo, não voltou mais a campo, no México. Já os israelenses se despediram de maneira honrosa.

Grupo 3 (Guadalajara – Jalisco)
Brasil 4 x 1 Tchecoslováquia
Inglaterra 1 x 0 Romênia
Brasil 1 x 0 Inglaterra
Romênia 2 x 1 Tchecoslováquia
Brasil 3 x 2 Romênia
Inglaterra 1 x 0 Tchecoslováquia

Considerado o grupo mais forte da Copa, Brasil e Inglaterra eram os campeões dos três mundiais anteriores. Nos próximos capítulos, falaremos sobre a campanha da seleção brasileira, que terminou em primeiro lugar.

A Inglaterra, derrotada pelo time de Zagallo na segunda rodada, também se classificou.

Já a Romênia foi uma surpresa e, jogando um futebol veloz, surpreendeu a Tchecoslováquia e dificultou a vida do Brasil.

Por outro lado, os tchecos, que chegaram ao mundial falando muito e se achando os melhores, caíram na primeira fase com três derrotas. O trabalho de adaptação à altitude foi malfeito e o técnico Marko era obrigado a reduzir o tempo dos treinos, pois os jogadores perdiam o fôlego com facilidade.

Grupo 4 (León)
Peru 3 x 2 Bulgária
Alemanha 2 x 1 Marrocos
Peru 3 x 0 Marrocos
Alemanha 5 x 2 Bulgária
Alemanha 3 x 1 Peru
Bulgária 1 x 1 Marrocos

A Alemanha Ocidental, comandada por Helmut Schön, era vice-campeã e buscava uma melhor sorte no México. O time tinha remanescentes da derrota na final de 1966, como Franz Beckenbauer e Uwe Seeler. Mas o grande destaque foi Gerd Müller, artilheiro da Copa de 1970 com dez gols. A imprensa mundial apostava todas as fichas na seleção alemã (que venceria a Copa seguinte, em 1974, dentro de casa). Apesar de sair perdendo no jogo contra o Marrocos, a equipe conseguiu a virada. A goleada diante da Bulgária e a vitória sobre o Peru deixaram a Alemanha em primeiro e, assim como o Brasil, com 100% de aproveitamento na fase inicial.

Já o Peru contava com a melhor geração de seu futebol, e Teófilo Cubillas era a estrela. Os comandados do brasileiro Didi chegaram ao México de luto por causa de um terremoto que sacudiu o país dias antes da estreia no mundial. As vitórias sobre Bulgária e Marrocos garantiram o segundo lugar na chave.

Os dirigentes búlgaros, decepcionados com a derrota na estreia para o Peru, resolveram comprar as passagens de volta para o dia seguinte ao último jogo da primeira fase. Isso que era falta de confiança em passar às quartas! Para o técnico Aymoré Moreira, em 1966, a Bulgária usou e abusou da violência contra os adversários. Já no México, teve um comportamento diferente, pois a arbitragem foi bem mais rigorosa e favoreceu os jogadores de ataque.

Clima de Copa

No quase inverno brasileiro, a Copa alterou a rotina de repartições públicas, empresas, escolas e universidades. Como a transmissão ao vivo pela TV era novidade (ver mais no capítulo 10), o objetivo de qualquer torcedor que não tivesse um aparelho em casa era se arrumar com parentes, amigos ou até mesmo ver os jogos em locais públicos.

A edição de 31 de maio do *Estadão* trazia um informe do Rio de Janeiro: "*Desde ontem, o carioca está fazendo seus preparativos para assistir aos jogos da Copa, cancelando os programas preestabelecidos para a tarde de hoje, uma vez que o jogo México versus Rússia será televisionado diretamente, via Intelsat, para o Brasil. Os que não têm televisor em suas casas poderão escolher entre assistir aos jogos em casa de amigos ou nas ruas do Rio, diante das vitrinas de lojas de eletrodomésticos, as quais já se dispuseram a deixar um aparelho de televisão ligado durante a transmissão dos jogos do Campeonato Mundial de Futebol. As reitorias das uni-*

versidades, por sua vez, informaram que poderão alterar o horário das aulas, a fim de tornar possível aos alunos assistir aos jogos. (...) Na Cinelândia e em vários pontos da cidade já começaram a ser fixados enormes 'placards' para acompanhamento dos jogos. Serviços de alto falantes foram instalados para retransmitir as partidas".

Antes da estreia da seleção, em 3 de junho, o Brasil vivia grande expectativa, com direito a uma pesquisa de opinião feita pela imprensa. Como em toda Copa, mesmo quem não gosta de futebol acaba assistindo aos jogos: *"(...) Mas há também os que não querem, mas assistirão ao jogo quase obrigatoriamente: 'Eu não entendo muito de futebol e não tenho ideia de quem possa ganhar o jogo de hoje' — explica uma velha senhora, enquanto faz compras na rua da Consolação. Mas ela está agora diante de um aparelho de televisão, ao lado de seu irmão e seus sobrinhos — 'eles insistem comigo para que eu assista, e eu acabo assistindo mesmo'. Quem não vai assistir: um funcionário da CMTC e sua mulher que não gostam de futebol; dois operários em construção que nem ouviram falar do jogo; um cozinheiro de restaurante que a essa hora estará trabalhando e o patrão proíbe o rádio em serviço. São personagens de uma pesquisa feita com 100 pessoas na cidade, pela reportagem do 'Estado'. Em cada 10 pessoas ouvidas, apenas uma acompanha o jogo pelo rádio. 3 a 1 para o Brasil é o resultado mais provável na opinião das pessoas ouvidas. (...) O coveiro do cemitério da Consolação ainda não sabe se vai dar tempo: ele trabalha até as 6 da tarde e seu irmão, que tem televisão, mora no Jardim Tremembé, para onde a condução é muito difícil".*

Ajeite-se no sofá: ligue o rádio ou a televisão, pois a seleção brasileira vai estrear na Copa.

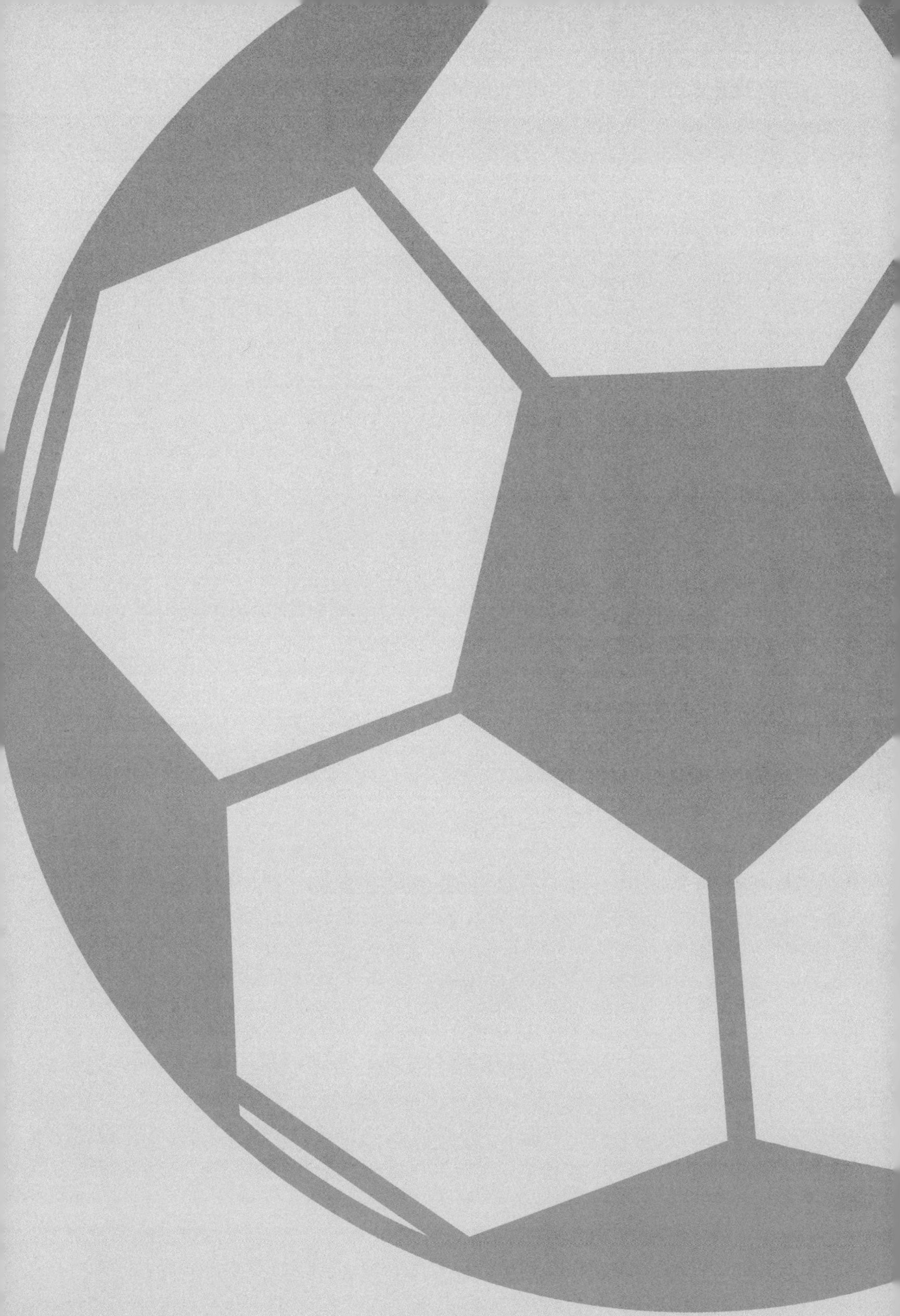

Golaço de Pelé contra os tchecos
(*Última Hora*/Arquivo Público do Estado de São Paulo)

4

Mostrando a que veio
Brasil 4 x 1 Tchecoslováquia

> **BRASIL 4 x 1 TCHECOSLOVÁQUIA – Guadalajara – 03.06.70**
>
> <u>Brasil</u>: Félix, Carlos Alberto, Brito, Piazza e Everaldo; Clodoaldo, Gérson (Paulo Cézar), Jairzinho, Tostão, Pelé e Rivellino
>
> Técnico: Zagallo
>
> <u>Tchecoslováquia</u>: Viktor, Dobias, Horvath, Migas e Hagara; Hrdlicka (Kvasnak), Kuna, Frantisek Vesely (Bohumil Vesely), Petras, Adamec e Jokl
>
> Técnico: Joseph Marko
>
> <u>Árbitro</u>: Ramón Barreto (Uruguai)
>
> <u>Gols</u>: Petras (12) e Rivellino (25) no primeiro tempo. Pelé (15) e Jairzinho (19 e 38) na etapa final
>
> <u>Público</u>: 52.000

    O hino nacional brasileiro ecoava no Estádio Jalisco, em Guadalajara, naquela quarta-feira, dia 3 de junho de 1970. Faltavam poucos minutos para as 16 horas no horário local, 19 horas no Brasil. Os jogadores brasileiros, como em qualquer estreia, estavam nervosos. Perfilados, as câmeras de TV mostravam a imagem deles, um a um, para mais de 700 milhões de pessoas em todo mundo. Nas arquibancadas, pouco mais de 50 mil torcedores, sendo 5 mil brasileiros.

Após os hinos, era a vez do revoar dos pombos que estavam em caixas na beira do gramado. Fim do protocolo, finalmente os jogadores começaram a bater bola no gramado. O árbitro Ramón Barreto, do Uruguai, estava pronto para dar início ao duelo. O mais visado pelas lentes dos fotógrafos era Pelé, que tinha uma dívida pessoal: aos 29 anos, queria provar ser capaz de fazer uma Copa irrepreensível, jogar todas as partidas e escapar ileso de contusões e da violência dos adversários.

Depois de todo tumulto causado pela demissão de Saldanha e pela indicação de Zagallo para comandar a seleção, o time nacional saiu do país desacreditado. Os 90 milhões de brasileiros sabiam que a seleção era formada por atletas formidáveis, mas como a equipe se sairia na Copa?

A Tchecoslováquia tinha um histórico de dois vice-campeonatos mundiais: em 1934 e em 1962, quando perdeu o título para o Brasil. O técnico Marko dava declarações que irritavam os jogadores brasileiros: dizia que os tchecos iriam ganhar fácil, principalmente por causa da defesa, considerada fraca por ele. E mais: questionava a eficiência do goleiro Félix e incentivava os jogadores a chutarem de fora da área. A revista *Veja* trazia declarações do treinador que incitavam a guerra psicológica: "*Nosso time é perfeito. Nós somos melhores que qualquer outro concorrente e não temos medo do Brasil. Eles são duas vezes campeões do mundo, mas não jogam como antigamente*". A imprensa mundial lembrava que o futebol tcheco tinha fama de ser fechado, intransponível, violento e duro.

Nos primeiros minutos, era nítido que a equipe brasileira estava nervosa e tentava se acertar em campo, mas logo os espaços começaram a aparecer e Pelé perdeu um gol cara a cara com Viktor, depois de um cruzamento rasteiro de Rivellino. Aos 12 minutos, enquanto as câmeras da transmissão de TV focalizavam Pelé, Clodoaldo perdeu a bola na intermediária brasileira para Petras. O camisa 8 da Tchecoslováquia driblou Brito, invadiu a área e tocou na saída de Félix. Surpresa! 1 a 0. Na comemoração, ele se ajoelhou e fez o sinal da cruz, em um protesto contra o regime ateu e socialista em vigor em seu país. Essa imagem correu o mundo, estampou as capas dos principais jornais no dia seguinte.

Em desvantagem no placar, a seleção brasileira trocava bons passes no ataque com Pelé, Tostão e Gérson, enquanto Jairzinho avançava pela direita e Rivellino tentava chutes de fora da área. Na retaguarda, Carlos Alberto saiu mal e o Brasil quase levou o segundo gol. Aos 25 minutos, Pelé sofreu falta na entrada da área adversária. Rivellino chutou com força, a bola ainda resvalou na mão direita de Viktor e estufou as redes escuras do estádio Jalisco. Todo o time partiu para o abraço, e o camisa 11 da seleção, que ficou conhecido no México como "patada atômica", gritava: *"vamos lá, vamos lá"*. Ainda no primeiro tempo, Pelé estava na intermediária do Brasil quando viu o goleiro Viktor adiantado e não teve dúvidas: chutou ao gol de uma distância de 60 metros! Na hora, os colegas de Pelé olharam para ele e não entenderam o que estava acontecendo. O goleiro tcheco voltou correndo desesperado para a meta, mas a bola passou a centímetros da trave esquerda. Seria o gol maior das Copas. Durante todo o mundial, Pelé surpreendeu os críticos que não acreditavam mais na capacidade dele de improvisar. Foi o que ele mais fez. O narrador mexicano Pedro Carbajal declarou: *"Ele tentou o gol mais bonito que eu já vi. Digo, que eu não vi"*.

No início do segundo tempo, Félix defendeu de forma milagrosa um chute do camisa 18 da Tchecoslováquia, Frantisek Vesely. Depois do susto, a seleção fez uma apresentação de gala. Gérson chutou de fora da área e a bola caprichosamente bateu na trave direita do goleiro, que ficou parado no centro da meta. Os jogadores tchecos estavam visivelmente em más condições físicas e começaram a dar espaço aos comandados de Zagallo. Aos 15 minutos, Gérson, no círculo central, deu dois passos e fez um lançamento fantástico para Pelé. Já na área, o Rei matou a bola no peito, entre dois marcadores, esperou a saída de Viktor e chutou para o fundo das redes. Um golaço, um dos mais bonitos do mundial. A comemoração foi uma explosão de alegria: Jair, Tostão, Rivellino e Clodoaldo fizeram uma "montanha" em Pelé. Finalmente, a seleção estava à frente no placar: 2 a 1. Praticamente na sequência, aos 19 minutos, Gérson, soberano no meio de campo, fez um lançamento para Jairzinho. O camisa 7 do Brasil deu um "chapéu" em Viktor, matou a bola no peito e, com o gol vazio, marcou o terceiro da seleção. Os adversários reclamaram que o jogador do Brasil estava impedido, mas o árbitro Ramón Barreto, auxiliado pelo peruano Arturo Yamasaki, validou o lance.

Antes do quarto gol, um motivo de preocupação: Gérson sofreu um estiramento muscular e teve de ser substituído por Paulo Cézar. O camisa 8 seria a grande ausência do duelo contra a Inglaterra e também não entraria em campo diante dos romenos.

Para fechar, Jair Ventura, o Jairzinho, mostrou naquele jogo que faria uma "Copa de Pelé" e marcou o quarto gol da seleção brasileira em uma jogada fantástica, com muita raça. Aos 38 minutos, o "furacão" recebeu a bola na intermediária tcheca e, como um "rolo compressor", foi driblando os adversários e chutou cruzado no canto direito do goleiro: 4 a 1. Um placar maioral para a estreia na Copa, suficiente para calar os críticos e acabar com qualquer desconfiança. A seleção mostrava que, depois do desastre de 1966, estava preparada para tentar o tricampeonato mundial.

Jairzinho deixa a defesa tcheca em pânico
(*Última Hora*/Arquivo Público do Estado de São Paulo)

No dia seguinte, os jornais exaltaram a vitória: "*Reviravolta e arrancada triunfante*" (*Folha de S.Paulo*), "*Brasil joga bem e goleia os tchecos na estreia. Foi a vitória de um estilo*" (*Estadão*) e "*Fúria e técnica esmagam tchecos*" (*O Globo*). A reportagem de *O Globo*, aliás, destacava: "*Foi uma vitória do futebol arte, disse Zagallo, e o presidente Médici, representando o sentimento de 90 milhões de brasileiros, mandou dizer que espera a dose em dobro no próximo domingo, quando a seleção enfrentará a Inglaterra*".

Já o cronista Nelson Rodrigues escreveu que a estreia da seleção representou uma vingança aos críticos do futebol nacional: "*(...) A exibição brasileira foi trinta vezes melhor do que a finalíssima entre a Inglaterra e a Alemanha, em 66. Naquela ocasião, os 22 homens, segundo o figurino da pelada mais humorística, faziam o jogo de bola pra frente e fé em Deus. E, ontem, que fazíamos nós? Que fez esse escrete que saiu daqui vaiado, e repito: — esse escrete que se fez de vaias? Um jogo prodigiosamente articulado, sim, harmonioso, plástico, belo. Era uma música, meu Deus (...)*".

Em entrevista à revista *Manchete*, o capitão Carlos Alberto citou o nervosismo na estreia: "*Estávamos preocupados. Começar perdendo, seria um desastre. Daí o nosso nervosismo. Mas, graças a Deus, tudo saiu bem. Acertamos o jogo e a goleada nos encheu de confiança. Difícil mesmo, porém, foi a Inglaterra*".

Que venha o "jogo do século"!

> "A grã-fina das narinas de cadáver me ligou.
> Soluçava: — 'Brasil! Brasil! Brasil!' Mais tarde,
> eu a vi, patética, enrolada na bandeira brasileira.
> Parecia uma Joana d'Arc da seleção."
>
> (Nelson Rodrigues)

5

Jogo de xadrez do século
Brasil 1 x 0 Inglaterra

BRASIL 1 × 0 INGLATERRA – Guadalajara – 07.06.70

<u>Brasil</u>: Félix, Carlos Alberto, Brito, Piazza e Everaldo; Clodoaldo, Rivellino, Jairzinho, Tostão (Roberto Miranda), Pelé e Paulo Cézar

Técnico: Zagallo

<u>Inglaterra</u>: Banks, Wright, Labone, Bobby Moore e Cooper; Mullery e Bobby Charlton (Bell), Ball, Lee (Astle), Hurst e Peters

Técnico: Alf Ramsey

<u>Árbitro</u>: Abraham Klein (Israel)

<u>Gol</u>: Jairzinho (15) no segundo tempo

<u>Público</u>: 66.000

Pouca gente joga ou entende as regras do xadrez. O jogo pode demorar horas e horas, mas o que todos sabem é que o xadrez é um jogo de paciência. O futebol, muitas vezes, também é um jogo de paciência e depende das peças em campo. E em campo estavam o "time da rainha", campeão da Copa de 1966, e o time do Rei Pelé, vencedor em 1958 e 1962. No gramado, Banks, Bobby Moore, Bobby Charlton e Hurst, o único jogador da história a marcar três gols em uma decisão de Copa, se aqueciam com toda pompa. O duelo no Estádio Jalisco, em Guadalajara, iria medir forças entre os vencedores dos últimos três mundiais e seria um tira-teima. Quem venceria: o futebol força ou o futebol arte?

Em 1969, o Brasil tinha vencido a Inglaterra em um amistoso no Maracanã: 2 a 1. O técnico Alf Ramsey declarou que tinha perdido o jogo por falta de sorte e, mesmo assim, com um gol "deitado", marcado por Tostão. As declarações irritaram os brasileiros.

Domingo, 12 horas em Guadalajara; 15 horas no horário no Brasil. A seleção inglesa, jogando de branco, deu o pontapé inicial. A imprensa internacional avaliava que o vencedor da partida certamente seria um dos finalistas da Copa. Em meio ao calor, as duas seleções fizeram um jogo de brio, de equilíbrio tático e de muita doação física. Os torcedores mexicanos estavam ao lado do Brasil, principalmente depois de atitudes antipáticas dos ingleses. Eles levaram, por exemplo, um grande carregamento de água da Europa para o país da Copa. A água mexicana não servia para os ingleses? Em 1966, a Inglaterra tinha vencido o México, em Wembley, na primeira fase da Copa e os mexicanos ficaram irritados com a arbitragem.

Gérson, dono absoluto do meio-campo da seleção brasileira, não teve condições de jogo. Zagallo escalou Paulo Cézar na esquerda e puxou Rivellino para o meio. Os ingleses marcavam bem, mas o Brasil escapava em velocidade. Aos 10 minutos, jogada histórica: Carlos Alberto, ainda no campo de defesa, tocou de trivela para Jairzinho. Jair avançou pela direita, cruzou para área, Pelé subiu mais do que os zagueiros, cabeceou forte e para o chão, mas o formidável Gordon Banks fez a defesa mais milagrosa em todos os tempos, ao espalmar a bola para escanteio. Os torcedores nas arquibancadas, atrás do gol inglês, já estavam de pé, prontos para comemorar o gol brasileiro. O lance é um dos mais emblemáticos da Copa de 70. "*Ainda do nosso campo, eu dei de trivela para o Jairzinho, nas costas do lateral esquerdo. Jairzinho chegou na linha de fundo, não precisou nem ajeitar, cruzou e o Pelé já estava lá em cima esperando o cruzamento. Foi uma jogada bonita pela objetividade*", relatou Carlos Alberto Torres, em entrevista à *TV Globo*.

A tensão do jogo aumentava, e o "English Team" tentou se impor na base da violência. Depois de um cruzamento da direita, Francis Lee cabeceou à queima-roupa e Félix fez uma boa defesa, em dois tempos. Mas o jogador inglês, na expectativa de pegar o rebote, que não houve, chutou o rosto do goleiro brasileiro.

Minutos depois da agressão a Félix, o capitão Carlos Alberto Torres deixou bem claro que a Inglaterra não iria vencer a partida na pancadaria e que o Brasil sabia revidar à altura. Em uma disputa de bola, o camisa 4 deu uma entrada por trás em Lee. Carlos Alberto tramou a reação: *"Eu chamei o Pelé e disse que alguém tinha que dar uma em Lee, para que os ingleses começassem a jogar futebol. Aí o Pelé falou: 'deixa comigo'. Só que o jogo foi reiniciado e a primeira bola que o Lee pegou, a bola adiantou um pouco, ele dividiu comigo e eu fui. Não quis esperar o Pelé. Eu entrei meio de lado, peguei na coxa dele"*. Carlos Alberto confessa que ficou com medo de ser expulso, mas o árbitro deixou barato. Em entrevista à revista Manchete, Félix declarou que a Inglaterra foi o adversário mais difícil da seleção na Copa e que *"deixamos o Brasil em um ambiente de descrença popular, mas nós jogadores estávamos todos com muita confiança"*.

Com o sol e o calor, os ingleses, cansados, começaram a dar mais espaço para a seleção brasileira, que iniciou o segundo tempo pressionando o adversário. Rivellino chutou de fora da área e Banks fez mais uma brilhante defesa. Entretanto, todo duelo de xadrez tem um xeque-mate.

A jogada mortal do Brasil veio aos 15 minutos da etapa final. Tostão olhou para o banco de reservas e imaginou que seria substituído, pois Roberto Miranda estava se aquecendo. O camisa 9 da seleção ficou ainda mais motivado para mostrar o seu futebol. Tostão estava na esquerda e deu início a um lance genial, ao driblar três adversários, incluindo um toque entre as pernas do magistral Bobby Moore. O "mineirinho de ouro" cruzou na área, Pelé ajeitou, atraiu dois marcadores e rolou para a bomba de Jairzinho. Gol do Brasil! Explosão de alegria no Jalisco. Jair foi comemorar o gol atrás do banco de reservas da Inglaterra para o desespero do técnico Alf Ramsey, que passava as mãos na cabeça. Foi um gol coletivo, com pitadas de genialidade de Tostão, Pelé e Jair.

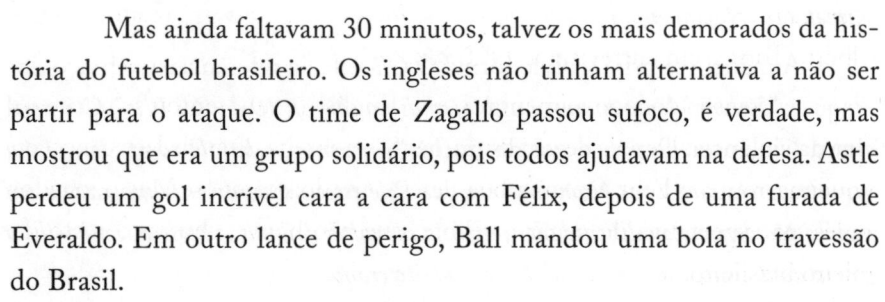

Mas ainda faltavam 30 minutos, talvez os mais demorados da história do futebol brasileiro. Os ingleses não tinham alternativa a não ser partir para o ataque. O time de Zagallo passou sufoco, é verdade, mas mostrou que era um grupo solidário, pois todos ajudavam na defesa. Astle perdeu um gol incrível cara a cara com Félix, depois de uma furada de Everaldo. Em outro lance de perigo, Ball mandou uma bola no travessão do Brasil.

Rivellino cai em disputa de bola
(*Última Hora*/Arquivo Público do Estado de São Paulo)

Paulo Cézar, que atuou em substituição a Gérson, jogou bem, fez boas jogadas pela esquerda e levou perigo ao gol inglês, como em um chute de fora da área, defendido por Gordon Banks. Conforme esperado, Zagallo tirou Tostão e colocou Roberto Miranda, que também entrou bem na partida. Já nos últimos instantes, Pelé ainda tentou um gol por cobertura, mas a bola foi para fora. O apito final do israelense Abraham Klein deu início à festa da torcida no Brasil e em Guadalajara.

O resultado de 1 a 0 mostrou que os ingleses, campeões mundiais, seriam destronados em 1970. As câmeras de TV focalizaram a troca de camisas entre dois gigantes: Pelé e Bobby Moore, que quatro anos antes ergueu a *Jules Rimet*, em Wembley.

A manchete principal do jornal *O Globo* fazia referência ao abraço dos craques: "*Bobby Moore enxugou as lágrimas na camisa 10 do Rei Pelé*". O jornal citava Jair, autor do único gol do duelo: "*Jairzinho, o búfalo rompedor, já é a grande estrela da Copa. Num jogo em que Pelé esteve severamente marcado e em que Tostão denunciou dificuldades contra a muralha defensiva inglesa, coube-lhe a glória da decisão, com um 'goal' de verdadeiro craque*".

Pelé e Bobby Moore se cumprimentam
(*Última Hora*/Arquivo Público do Estado de São Paulo)

O tabloide inglês *The Sun* publicou que a seleção brasileira marcou um gol esplendoroso que nenhum "cintura-dura" europeu teria condições de fazer: "*Os brasileiros foram dançarinos de samba e malabaristas*". Era a vitória do futebol arte sobre o futebol força.

O goleiro Félix, falando ao *Estadão*, revelou que tinha ganhado duas apostas: uma feita com o todo poderoso chefão Antônio do Passo, por não ter sofrido gol na partida, e outra com Pelé, que tinha prometido dois contra da Inglaterra.

O camisa 1 do Brasil também foi citado como um dos destaques da seleção pela *Folha de S.Paulo*, na reportagem "As cinco faces do nosso triunfo". O jornal trazia na capa uma foto da Praça da Sé, marco zero de São Paulo, onde torcedores acompanharam a partida por um aparelho de TV. Já os mais jovens preferiram comemorar a vitória na badalada rua Augusta, na região da avenida Paulista. No México, os torcedores brasileiros tomaram as ruas para comemorar o triunfo nacional.

A vitória foi um divisor de águas e é simbólica, depois da derrota brasileira em 1966, em plena Inglaterra. A revista *Veja* fez uma análise sobre o jogo, e começava ironizando o técnico inglês: "*Elementar, meu caro Ramsey. O time brasileiro que saiu melancolicamente do campo de Liverpool há quatro anos, desclassificado da VIII Copa do Mundo, é uma lembrança que pode ser esquecida: a vitória do Brasil contra a Inglaterra, 1 a 0, em Guadalajara, México, cancela a amargura de ontem e faz renascer as alegrias de 1958 e 1962. O time inglês, campeão mundial, era símbolo da frustração do futebol latino-americano, derrotado em toda a linha na Inglaterra, em 1966. Por isso, a vitória de domingo não é apenas brasileira, é de todo um continente que cultiva um futebol feito de malícia e arte*". A revista também lembrava que as duas seleções poderiam voltar a se enfrentar na final da Copa. O Brasil chegou lá, mas a Inglaterra não.

Nelson Rodrigues usou a máquina de escrever mais uma vez para se vingar dos pessimistas: "*(...) A área inglesa era uma ferocíssima selva de botinadas. Cada milímetro estava ocupado. Tostão dribla um inglês, e mais outro inglês, um terceiro inglês. E vinham outros, e mais outros e outros mais. Tostão vira-se e entrega a Pelé. Três adversários envolvem o sublime crioulo. Este, rápido, empurra para Jairzinho, enganando todo mundo. Era um gol que não podia ser feito porque a muralha de cabeças estava lá, inultrapassável. (...) A bola sabe quando vai ser gol e se ajeita para o gol. E Jairzinho, que era a maior saúde em campo, ainda ultrapassou um inglês; e encheu o pé. Era o gol de umas das mais belas, mais perfeitas, irretocáveis vitórias brasileiras de todos os tempos. (...) A jornada brasileira no México é uma vingança contra as vaias. (...) E vem o entendido e declara, solene, enfático, hierático – 'não somos os melhores'. (...) Vou concluir: o entendido só não se torna abominável porque o ridículo o salva*".

A seleção brasileira já estava classificada para a segunda fase da Copa. No entanto, uma vitória contra a Romênia garantiria o primeiro lugar no grupo. Um jogo que parecia fácil, mas que se complicou e terminou com um placar apertado.

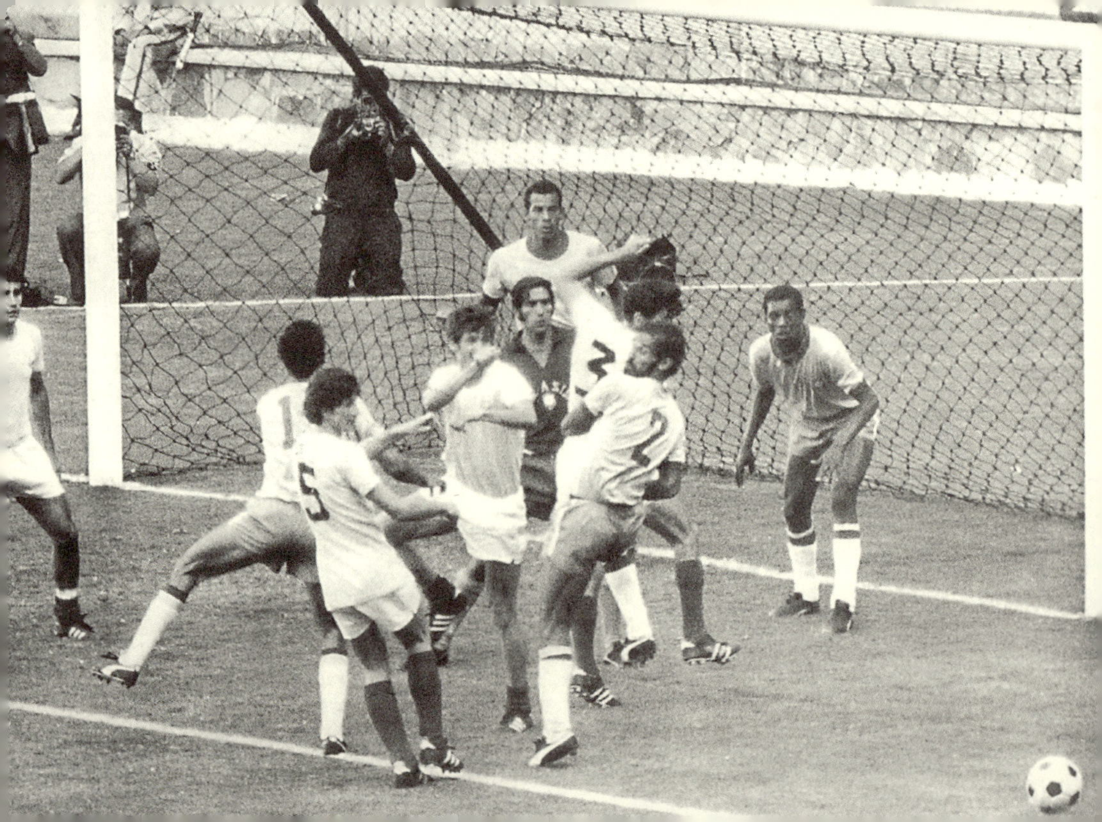

6

Vitória no sufoco
Brasil 3 x 2 Romênia

BRASIL 3 × 2 ROMÊNIA – Guadalajara – 10.06.70

<u>Brasil</u>: Félix, Carlos Alberto, Brito, Fontana e Everaldo (Marco Antônio); Clodoaldo (Edu), Piazza, Jairzinho, Tostão, Pelé e Paulo Cézar

Técnico: Zagallo

<u>Romênia</u>: Adamache (Raducanu), Satmareanu, Lupescu, Dinu e Mocanu; Neagu, Dumitru e Nunweiller, Dembrowski, Dumitrache (Tataru) e Lucescu

Técnico: Angelo Niculescu

<u>Árbitro</u>: Ferdinand Marshall (Áustria)

<u>Gols</u>: Pelé (19), Jairzinho (21) e Dumitrache (33) no primeiro tempo. Pelé (21) e Dembrowski (38) na etapa final

<u>Público</u>: 50.000

O jogo contra a Romênia pode ser considerado um ponto fora da curva daquela seleção de 1970. O time começou bem, parecia que iria golear, mas se complicou, teve falhas na defesa e conseguiu uma vitória apertada. Gérson ainda não estava recuperado, e Rivellino, combalido depois do duelo contra a Inglaterra, também não entrou em campo diante dos aguerridos romenos.

Foi a única vez que Dario ficou no banco de reservas durante o mundial, ao lado de Edu, Marco Antônio, Roberto Miranda e o goleiro Ado, mas não entrou em campo.

Paulo Cézar, que fez boa apresentação contra a Inglaterra, mais uma vez começou jogando. Já para o lugar de Rivellino, que tinha atuado no meio-campo no jogo anterior, Zagallo deslocou Piazza e escalou Fontana na zaga.

Florea Dumitrache era a estrela da equipe comandada por Angelo Niculescu. Atacante rápido e habilidoso, marcou um dos gols contra o Brasil. Aliás, a Romênia não deu vida fácil para a Inglaterra (perdeu por apenas 1 a 0), ganhou de virada da Tchecoslováquia, 2 a 1, e, em tese, ainda tinha chances de se classificar.

As duas seleções entraram em campo no Jalisco, em Guadalajara, um pouco antes das 16 horas, horário local. No Brasil, eram 19 horas da quarta-feira, 10 de junho. Foi mais um jogo disputado debaixo de muito sol e calor. No começo, a seleção teve facilidade, principalmente em jogadas pela esquerda. Paulo Cézar avançou pela linha de fundo, chutou cruzado e a bola bateu no travessão. Aos 19 minutos, Pelé cobrou uma falta na entrada da área e abriu o placar; o goleiro Adamache ficou só olhando: 1 a 0. O segundo gol não demorou muito: aos 21 minutos, Paulo Cézar cruzou rasteiro da esquerda e Jairzinho tocou para o fundo das redes. Era o quarto gol dele no mundial. Com 2 a 0 no placar, o time de Zagallo relaxou e começou a ser envolvido pelo toque de bola do adversário. Aos 33, Dumitrache recebeu dentro da área brasileira, passou por Brito e chutou entre Carlos Alberto e Fontana, diminuindo para 2 a 1. A defesa brasileira falhou e foi alvo de críticas da imprensa naquele jogo.

No segundo tempo, a seleção voltou a pressionar a Romênia: Pelé disputou uma jogada pelo alto com o zagueiro e chutou para as redes. No entanto, o árbitro anulou o lance, alegando que o camisa 10 do Brasil tinha tocado a mão na bola. O terceiro gol foi marcado aos 21 minutos. Jairzinho cruzou da direita, Tostão, mesmo de costas na pequena área, deu um toque de calcanhar, a meia altura, e Pelé, com pé direito, empurrou a bola para o canto direto de Raducanu, que entrara no lugar de Adamache.

Jogada de Pelé no terceiro gol
(*Última Hora*/Arquivo Público do Estado de São Paulo)

Mesmo depois do terceiro gol, a Romênia continuou chegando com perigo ao gol brasileiro e Félix fez uma grande defesa em um chute de fora da área. Em outro lance, o goleiro brasileiro falhou ao sair mal no segundo gol adversário. O relógio marcava 38 minutos quando Dembrowski aproveitou um cruzamento da direita e cabeceou praticamente dentro da pequena área, em cima de Félix: 3 a 2. O camisa 17, Tataru, ainda tentou surpreender o goleiro brasileiro com um longo chute de fora da área, mas Félix conseguiu mandar a bola para escanteio.

Quando o árbitro encerrou o jogo, a torcida e os jogadores respiraram aliviados. A seleção estava classificada em primeiro lugar: três vitórias, oito gols marcados e três sofridos.

Um destaque negativo foi a saída de Everaldo, que torceu o tornozelo e teve de ser substituído por Marco Antônio. Ainda durante a partida, Zagallo também precisou tirar Clodoaldo, sentindo dores, para a entrada de Edu, Jonas Eduardo Américo, atleta do Santos. Mas "Corró", apelido do camisa 5 da seleção, se recuperou a tempo para as quartas de final, ao contrário de Everaldo, que só voltou a campo na semifinal diante do Uruguai.

O capitão, Carlos Alberto, amenizou o mau desempenho contra a Romênia:

"*Foi uma Copa duríssima. A única partida que pudemos respirar um pouco foi contra a Romênia. Apesar dos 3 x 2, foi um jogo fácil que controlamos do princípio ao fim*", disse ele à revista Manchete.

Reportagem da Folha de S.Paulo citava as ausências de Gérson e de Rivellino:

"*Este jogo serviu para mostrar que Zagallo está simultaneamente certo e errado. Certo quando armou a equipe brasileira com base no tripé Clodoaldo-Gérson--Rivellino, sabendo que nessa Copa o meio do campo será o fiel da balança. Errado quando, apegado ao 4-3-3, não previu o que poderia suceder quando a equipe adversária jogasse em um 4-2-4 e o Brasil, na circunstância, não pudesse contar com os seus melhores homens de meio de campo. Zagallo já perdeu, assim, um jogo da seleção carioca, por goleada, contra a seleção de Minas. E ontem o Brasil passou um mau bocado*".

Félix não foi poupado:

"*Zagallo perdeu uma ótima ocasião de testar Ado ou Leão. Em cima do gol de Félix só faltou um urubu: esteve mal. Andou espiando bolas chiar nas traves, interceptou pessimamente pelo alto e, em certo lance, saiu correndo pela área como se fosse pegar o avião de volta. Nem pegou o avião, nem pegou a bola. Foi, digamos, um mau treino*".

Na crônica sobre o jogo, o sempre ufanista Nelson Rodrigues rasgou elogios à seleção:

"*(...) Vocês sabem o que dizem os jornais ingleses sobre o nosso futebol? Dizem apenas e textualmente o seguinte — 'devia ser proibido jogar tão bonito'. (...) Esse mesmíssimo escrete, que assombra o mundo, recebe vaias humilhantes da própria terra. Era como se fôssemos um time de pernas de pau, uma equipe de cabeças de bagre. (...) Sempre escrevo que o pior cego é o míope. (...) Contra a Romênia, fizemos 25 minutos iniciais de um futebol nunca sonhado. Era um jogo fácil. O Brasil merecia ganhar de uma goleada astronômica (...)*".

Depois da classificação, as empresas de turismo reforçaram a publicidade nos jornais para atrair os interessados em viajar ao México:

Propaganda publicada nos jornais da época
(acervo pessoal do autor)

A partir de agora era vencer ou vencer para continuar na Copa, e o primeiro mata-mata da equipe nacional seria contra o Peru, treinado por um velho conhecido da torcida brasileira. Brasil, Peru, Alemanha, Inglaterra, URSS, Uruguai, Itália e México estavam nas quartas de final. Aliás, pela primeira vez na história, quatro países das américas se classificaram para essa fase da Copa.

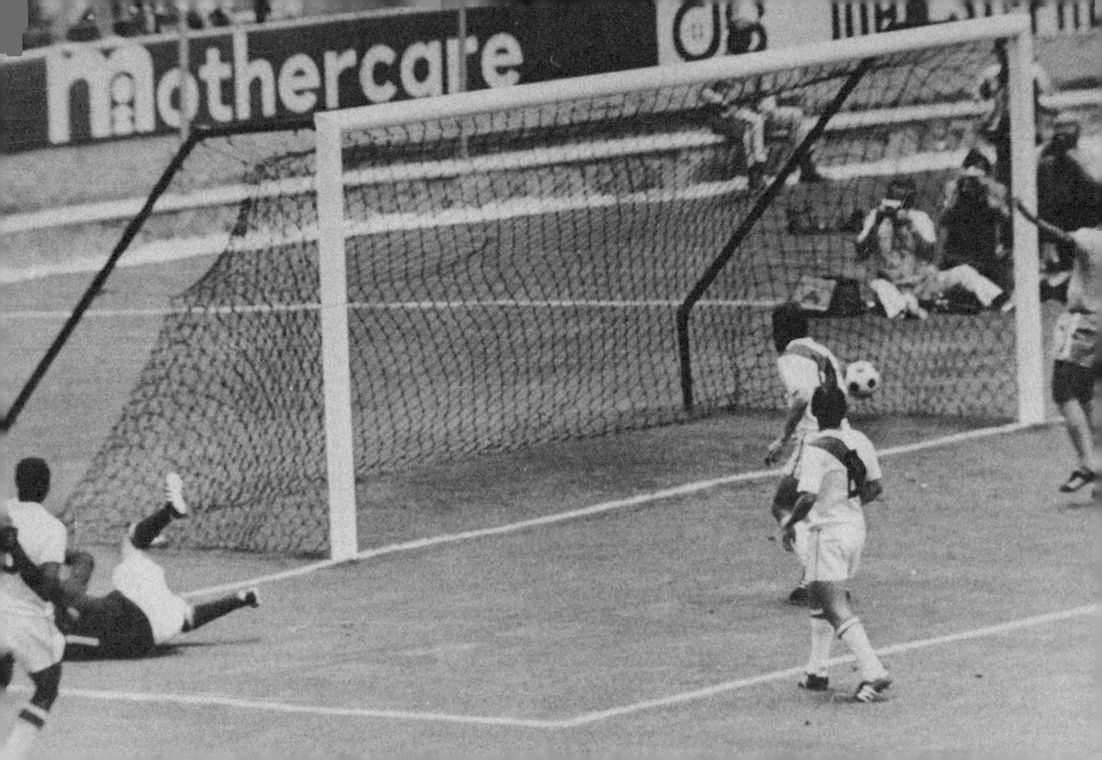
mothercare

7

Jogo mineiro
Brasil 4 x 2 Peru

BRASIL 4 x 2 PERU – Guadalajara – 14.06.70

Brasil: Félix, Carlos Alberto, Brito, Piazza e Marco Antônio; Clodoaldo, Gérson (Paulo Cézar), Jairzinho (Roberto Miranda), Tostão, Pelé e Rivellino

Técnico: Zagallo

Peru: Rubiños, Campos, Fernandez, Chumpitaz e Fuentes; Ramón Mifflin, Baylón (Sotil) e Cubillas; Gallardo, Challe e León (Eladio Reyes)

Técnico: Waldir Pereira (Didi)

Árbitro: Vital Loraux (Bélgica)

Gols: Rivellino (11), Tostão (15) e Gallardo (28) no primeiro tempo. Tostão (7), Cubillas (24) e Jairzinho (31) na etapa final

Público: 54.000

O duelo contra o Peru, válido pelas quartas de final da Copa, foi marcado por um ingrediente peculiar: o técnico do time adversário era brasileiro, mas não um brasileiro qualquer. Waldir Pereira, o Didi, chamado de "príncipe etíope", faz parte da galeria dos maiores jogadores do mundo. Dono do chute batizado de "folha seca", era um atleta inteligente, tinha uma grande visão de jogo a partir do meio de campo e distribuía a bola como ninguém. Autor do primeiro gol do Maracanã, em 1950, e bicampeão do mundo com a seleção brasileira, em 1958 e 1962, ao lado de Pelé e Zagallo, Didi agora prova uma experiência no mínimo amarga, como contou ao jornalista Teixeira Heizer: "*Minha situação era dificílima. Quase chorei quando vi a tabela. Nós teríamos que enfrentar os brasileiros. Não dormi duas noites consecutivas. De um lado, a questão ética e profissional. De outro, meu coração*". Em entrevista à TV Cultura, Didi declarou que estava dividido: "*O que os peruanos vão pensar se eu perder o jogo e o que os meus patrícios vão dizer se eu ganhar o jogo?*"

As pernas de Didi tremeram e as mãos gelaram quando o hino nacional brasileiro começou a ecoar pelas arquibancadas do estádio Jalisco, em Guadalajara. Era mais um domingo de muito sol e calor na cidade mexicana, e o jogo começou ao meio-dia, horário local. O duelo entre Brasil e Peru valia vaga nas semifinais e Zagallo respirava aliviado: Gérson e Rivellino estavam de volta ao time. Dos titulares, apenas Everaldo não teve condições de jogo e foi substituído por Marco Antônio. A partida foi muito aberta e limpa, sem violência. Apesar da simpatia pelo futebol brasileiro, a torcida mexicana, pelo menos em parte, apoiou o Peru, em solidariedade ao terremoto que atingiu o país antes da Copa.

O Peru tinha um bom toque de bola e Didi apostava todas as fichas em Cubillas, que fez uma excelente primeira fase, quando marcou quatro gols. O treinador do Peru conhecia, claro, todos os meandros do futebol brasileiro e achava que poderia surpreender.

O duelo foi marcado pela boa atuação de Tostão, artilheiro do Brasil nas eliminatórias. Contra o Peru, fez os dois gols dele no mundial. O "mineirinho de ouro" jogou a Copa de 70 à frente dos zagueiros, longe da bola, muito sacrificado pelo esquema tático de Zagallo, mas teve um papel fundamental. Ele abria espaços, orientava o ataque brasileiro e deu incontáveis passes para os gols da seleção. No duelo contra a Itália, na final, por exemplo, coube a Tostão anular o líbero. O camisa 9 temia não jogar a Copa por causa do descolamento da retina, mas se superou e foi uma peça importante na conquista. A medalha de ouro dele ficou com o médico Roberto Abdalla Moura, que o operou em Houston, nos Estados Unidos.

Tostão é observado por Zagallo
(*Última Hora*/Arquivo Público do Estado de São Paulo)

Assim como fez contra a Romênia, o Brasil começou o duelo contra o Peru em um ritmo frenético. Aos 4 minutos, Pelé recebeu um lançamento de Gérson, invadiu a área e chutou na trave. Ele mesmo pegou o rebote e deu um passe de calcanhar para Tostão, que mandou para fora. Aos 11, saiu o primeiro gol: após um cruzamento de Pelé da direita, Campos se atrapalhou com a bola, Tostão tocou para Rivellino, que, de fora da área, chutou rasteiro, no canto esquerdo do limitado goleiro Rubiños. O Brasil chegou ao segundo gol aos 15 minutos: Tostão trocou passe com Rivellino, invadiu a área pela esquerda e chutou entre a trave e Rubiños, que falhou no lance. O Peru descontou em uma jogada parecida, quando Gallardo, aos 28, passou por Carlos Alberto, invadiu a área pela esquerda e, mesmo sem ângulo, chutou forte. A bola bateu em Félix e balançou as redes: 2 a 1, placar do primeiro tempo. O Peru ainda teve boas oportunidades em triangulações entre Cubillas, Gallardo e Challe, enquanto Pelé quase marcou o terceiro gol ao chutar de fora da área. Rubiños bateu roupa e a bola tocou caprichosamente na trave.

Félix sofre o primeiro gol do Peru
(*Última Hora*/Arquivo Público do Estado de São Paulo)

Na etapa final, a seleção brasileira não deu descanso ao Peru. Aos 7 minutos, Pelé invadiu a área, chutou, a bola desviou em um defensor e Tostão conseguiu pegar a sobra: 3 a 1, segundo gol do camisa 9 na partida. A pressão brasileira continuou com Jairzinho e Carlos Alberto, que perderam boas oportunidades.

Zagallo fez a primeira substituição do jogo: tirou Gérson e colocou Paulo Cézar. A torcida brasileira ficou preocupada: será que o "canhota" voltou a ter problemas físicos? Uma reportagem do dia seguinte do *Estadão* esclareceu: "*Quando Gérson acenou para Mário Américo pedindo um pedaço de gelo, Pelé entendeu que estava querendo ser substituído e falou com Zagallo, que mandou Paulo Cézar aquecer os músculos. Na hora da substituição, Gérson reclamou, pois estava saindo de campo por causa de um mal-entendido. Como a modificação não podia ser anulada, ele acabou concordando, alegando que precisava economizar energias para o jogo contra o Uruguai"*. O interessante é que as câmeras focalizaram Gérson, já sentado no banco de reservas, e ele fez sinal de positivo: estava tudo bem com o craque.

Aos 24 minutos, outro craque, Cubillas, diminuiu para o Peru, depois de um bate e rebate na entrada da área brasileira. O camisa 10 chutou com força e diminuiu para 3 a 2. Na opinião do técnico Didi, aquele foi um momento decisivo do jogo, pois os peruanos continuaram no ataque e, caso igualassem o placar, poderiam complicar as coisas para o Brasil. Mas, aos 31 minutos, finalmente o alívio: Rivellino lançou Jairzinho, que invadiu a área, driblou o goleiro e marcou o quarto da seleção brasileira. Jair, que fez o quinto gol dele na Copa, foi substituído, na sequência, por Roberto Miranda. Mesmo com o placar favorável, o Brasil continuou no ataque. O belga Vital Loraux encerrou o jogo, e a seleção já era uma das quatro melhores da competição.

No dia seguinte, a *Folha de S.Paulo* trazia a manchete: *"A Copa cada vez mais perto"*. A imprensa, que tanto criticou a postura brasileira contra a Romênia, mudou o tom: *"A vitória do Brasil foi fácil, mais fácil do que se esperava. Não obstante as falhas de nossa defesa, inclusive Félix, os homens do meio de campo e do ataque souberam derrotar os velozes mas nervosos peruanos. Rivellino e Tostão estiveram ótimos; sobretudo no segundo tempo. Tiveram de suprir a lacuna de Gérson, retirado de campo por Zagallo"*. Os jornalistas estrangeiros elogiaram Rivellino: *"Ele deu uma aula de futebol"*.

Nelson Rodrigues elegeu Tostão como personagem da semana:

"(...) Os gols que perdemos são incontáveis. Dois lances geniais de Pelé explodiram na trave. (...) Mas falo, falo e não digo uma palavra sobre meu personagem da semana. Vamos dar-lhe nome: Tostão. Foi uma enorme figura. Marcou dois gols e foi um criador de jogadas maravilhosas. (...) Mas o que eu queria chamar atenção de vocês é para o abnegado e formidável esforço de Tostão. Saído de uma crise vital, aceita todos os riscos para servir ao escrete. De quinze em quinze minutos seu futebol cresce. Está entre os cinco ou seis maiores jogadores do mundo em todos os tempos. Como influiu para a nossa vitória sobre o Peru! Fez uma série de coisas perfeitas e irretocáveis. Já na semifinal da quarta-feira, espero que ele apareça em estado de graça plena (...)".

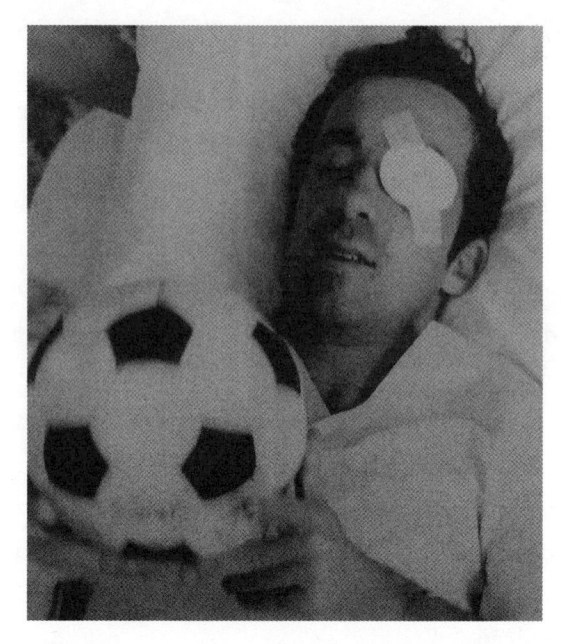

Tostão fez um grande esforço para jogar a Copa
(*Última Hora*/Arquivo Público do Estado de São Paulo)

Nos demais jogos das quartas de final, todos disputados no dia 14, o Uruguai venceu a União Soviética por 1 a 0, no Azteca. O jogo só foi decidido na prorrogação, com gol de Espárrago. Os soviéticos protestaram: no cruzamento que originou a jogada, a bola tinha saído pela linha de fundo, mas o árbitro não viu. Os uruguaios seriam os adversários da seleção brasileira.

Em León, debaixo de um sol escaldante, a Alemanha conseguiu a desforra da final da Copa de 1966, ao vencer a Inglaterra, de virada, por 3 a 2. Mullery e Peters marcaram para o "English Team". Beckenbauer e Seeler empataram, e, assim como no jogo de quatro anos antes, o tempo normal terminou 2 a 2. Mas Müller garantiu a classificação dos alemães com gol na prorrogação. O grande goleiro Banks ficou doente e não pode jogar. Teve de assistir ao duelo pela televisão do quarto do hospital.

O dia 14 foi triste para os mexicanos, que perderam para a Itália, em Toluca, por 4 a 1. Os donos da casa saíram na frente, mas sofreram a virada, com destaque para as atuações de Riva e Rivera. Com a eliminação dos anfitriões, a torcida em favor do tricampeonato do Brasil certamente aumentou.

Ainda dava tempo de pegar um avião para assistir aos próximos jogos:

> # Copa do Mundo
> ## SEMIFINAIS E FINAL
>
> Venha conosco, vibrar no México, incentivando nossos craques para mais vitórias.
> Preços: Incluindo hotel, traslados e bilhetes numerados Cr$ 2.024,00.
> Deixe pronto seu passaporte!!!
> Ponte aérea Cr$ 2.717,80.
> Deixe aprovado seu crediário!!!
> (Financiado em até 24 meses) (24x290,50).
>
> ## California Turismo Ltda.
> Av. São Luiz, 50 — 6.o — cj. 61-D — Fones: 257-2143 e 257-2144 Embratur 185!67 — Cat. "A".
>
> ## Novomar Turismo Ltda.
> Av. São Luiz, 50 — 5.o — cj. 51-D — Fones: 257-0125 e 257-1470 Embratur 300|68 — Cat. "A".

Propaganda publicada nos jornais da época
(acervo pessoal do autor)

O pronto socorro cardiológico do Rio de Janeiro teve alta no atendimento de 40 por cento na semifinal contra o Uruguai."

(Revista *Placar*)

Clodoaldo empata a partida no primeiro tempo
(*Ultima Hora*/Arquivo Público do Estado de São Paulo)

8

Exorcizando o fantasma
Brasil 3 x 1 Uruguai

> **BRASIL 3 x 1 URUGUAI – Guadalajara – 17.06.70**
>
> <u>Brasil</u>: Félix, Carlos Alberto, Brito, Piazza e Everaldo; Clodoaldo, Gérson, Jairzinho, Tostão, Pelé e Rivellino
> Técnico: Zagallo
> <u>Uruguai</u>: Mazurkiewicz, Ancheta, Matosas, Ubiñas, Julio Montero, Mujica, Luis Cubilla, Ildo Maneiro (Espárrago), Morales, Fontes e Julio Cortés
> Técnico: Juan Hohberg
> <u>Árbitro</u>: José Maria Ortiz de Mendíbil (Espanha)
> <u>Gols</u>: Cubilla (17) e Clodoaldo (45) no primeiro tempo. Jairzinho (31) e Rivellino (44) na etapa final
> <u>Público</u>: 51.000

Sei que em nossa imaginação estamos em 1970, mas, caro leitor, vamos fazer agora mais uma viagem no tempo: Rio de Janeiro, Maracanã, 16 de julho de 1950. A voz atônita de Pedro Luiz Paoliello, narrador da Rádio Panamericana (hoje Jovem Pan), retratava a perplexidade pela derrota dentro de casa: "*Uruguai campeão mundial de futebol. Parece mentira aquilo que estamos vendo, quando tudo era favorável, quando tudo estava ao nosso lado, quando o nosso time acertou, quando exibiu futebol, quando ninguém no mundo tinha dúvidas do campeonato vencido pela equipe brasileira, eis que o Uruguai lutando com fibra, lutando com denodo, lutando com confiança, levanta o título*".

Naquele dia, em Bauru, interior de São Paulo, o garoto Edson Arantes do Nascimento, aos 9 anos, viu o pai triste ao lado do rádio e prometeu: *"vou ganhar uma Copa do Mundo para o senhor"*. Pelé cumpriu a promessa em 1958, na Suécia, e também foi campeão quatro anos depois, apesar de só atuar nas duas primeiras partidas. Ele ficou de fora do resto da Copa, no Chile, por causa de uma contusão.

A vingança contra os uruguaios veio quase duas décadas depois, em 17 de junho de 1970, no estádio Jalisco, em Guadalajara. O relógio indicava 16 horas, horário local, daquela quarta-feira, quando o árbitro espanhol José Maria Ortiz de Mendíbil autorizou o início do duelo.

A imprensa brasileira contribuiu para o clima de revanche: desde a classificação, no domingo anterior, os jornais só falavam em desforra e citavam a vitória de virada do Uruguai, por 2 a 1, na partida decisiva de 1950. Os carrascos daquele dia foram Juan Schiaffino e Alcides Ghiggia, enquanto o goleiro Barbosa foi crucificado. O fato é que a maioria dos jogadores da seleção de 1970 tinha poucas recordações sobre o trágico 16 de julho de 1950, mas o nervosismo tomou conta do escrete, comandado por Zagallo, e o início da partida foi tenso e dramático. Carlos Alberto Torres reclamou da pressão: *"Começamos muito nervosos porque nos encheram a cabeça com a história de 50, etc. O torcedor, no seu nervosismo, às vezes atrapalha. Conta histórias pensando que vai levantar o moral do jogador, mas o efeito quase sempre é o oposto"*, afirmou à revista Manchete.

Os jogadores da "Celeste Olímpica" sonhavam em manter a escrita de ganhar a Copa de 20 em 20 anos: foi assim em 1930, no primeiro mundial da história, e depois em 1950. Imaginavam que levantariam o caneco naquele ano, no México. Os uruguaios entraram em campo revoltados com a FIFA, pois esperavam que a semifinal fosse disputada no Azteca, onde tinham vencido a União Soviética. Mas a cartolagem brasileira mexeu os pauzinhos e conseguiu que a seleção continuasse jogando no Jalisco. O lateral Ancheta reclamava: *"Foi uma injustiça conosco. Os brasileiros estavam praticamente em casa. Só saíram de Guadalajara para a final"*. O Uruguai tinha sofrido apenas um gol na Copa, mas também era econômico no ataque: balançou as redes quatro vezes e ainda amargou uma derrota para a Suécia, por 1 a 0.

A seleção brasileira foi mal nos minutos iniciais, errou muitos passes e não se acertava em campo. Enquanto isso, os uruguaios apelavam para a violência: Jairzinho sofreu uma entrada de Mujica, advertido com cartão amarelo. A pancadaria continuou quando Fontes, camisa 15, que no segundo tempo iria protagonizar um duelo com Pelé, deu um pontapé em Everaldo. O atleta uruguaio também levou o amarelo. Aos 17 minutos, Brito errou um passe e entregou a bola de presente para Morales. O camisa 11 avançou, lançou na área para Cubilla, que, mesmo marcado por Piazza, chutou meio desajeitado, "de canela", e enganou Félix. Surpresa no Jalisco! Estava aberto o placar. Nas cabines de imprensa, os jornalistas uruguaios provocaram os profissionais de imprensa do Brasil.

Pelé, muito marcado pelos adversários, reclamou de um pênalti supostamente sofrido por ele, mas o árbitro não deu. Na tensão do jogo, Carlos Alberto foi advertido com o cartão amarelo depois de uma entrada em Morales. Mas, aos poucos, os espaços em favor do Brasil começaram a aparecer. Rivellino, Jairzinho e Tostão passaram a se movimentar mais. Em cobrança de falta da direita, Riva quase surpreendeu o excelente Mazurkiewicz, que deu um tapa na bola para escanteio. Rivellino também foi alvo da violência uruguaia ao ser chutado por Maneiro. Como Gérson não conseguia espaço no meio-campo, ele e Clodoaldo inverteram as posições e não deu outra: quando todos esperavam que a seleção fosse para o intervalo perdendo por 1 a 0, Tostão, sempre ele, deu um passe milimétrico para Clodoaldo empatar o jogo aos 45 minutos. Foi uma explosão de alegria no Jalisco.

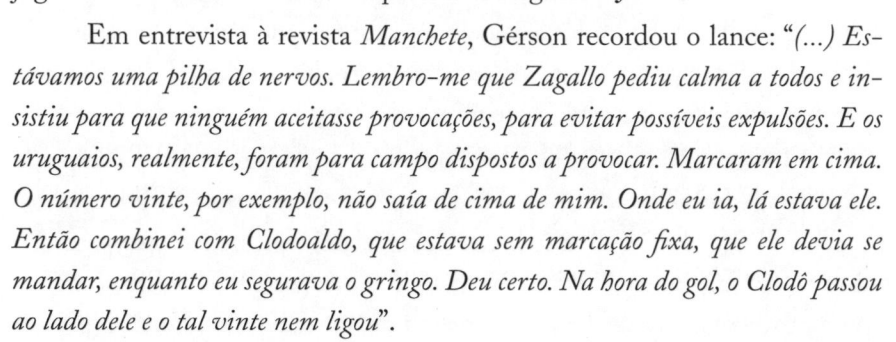

Em entrevista à revista *Manchete*, Gérson recordou o lance: "*(...) Estávamos uma pilha de nervos. Lembro-me que Zagallo pediu calma a todos e insistiu para que ninguém aceitasse provocações, para evitar possíveis expulsões. E os uruguaios, realmente, foram para campo dispostos a provocar. Marcaram em cima. O número vinte, por exemplo, não saía de cima de mim. Onde eu ia, lá estava ele. Então combinei com Clodoaldo, que estava sem marcação fixa, que ele devia se mandar, enquanto eu segurava o gringo. Deu certo. Na hora do gol, o Clodô passou ao lado dele e o tal vinte nem ligou*".

Falando à Globonews, Tostão afirmou que o passe para Clodoaldo foi o mais importante da carreira: "*Eu guardo na minha memória como o lance mais bonito da minha vida (...). E eu ali dou uma fração de segundo para esperar o Clodoaldo que saiu correndo. Ele dizia, dá, dá, dá, e eu o esperei chegar para dar o passe. Se não fosse o empate no primeiro tempo as coisas ficariam complicadas*". Já o técnico Zagallo deu uma bronca nos jogadores no intervalo: "*Da maneira como estávamos jogando não tinha como vencer o Uruguai. Eu falei até um palavrão para puxar no brio e mostrar que nós éramos melhores*".

O duelo de gigantes foi totalmente diferente no segundo tempo. A seleção brasileira veio com mais volume de jogo e cresceu de produção, justamente quando começou a aparecer o futebol maravilhoso de Pelé. Aos uruguaios, só restava continuar apelando para violência. Jairzinho, chamado pela imprensa de "homem tempestade" e de "furacão", se movimentava bem e sofreu uma falta violentíssima. Já o goleiro Félix levou uma "cama de gato" maldosa do ataque adversário. O comentarista Geraldo Bretas, que estava na transmissão da TV, era enfático: "*os uruguaios, quando aparece a oportunidade, eles não perdem vaza, atacam e atacam violentamente*".

Em uma jogada magistral, Pelé partiu da intermediária uruguaia, driblou três adversários e foi derrubado na linha da grande área. O árbitro não deu pênalti, marcou falta fora da área. Quando Pelé estava caído, o camisa 15, Fontes, pisou de forma criminosa no 10 brasileiro. O lance ainda teria revide.

Na sequência, Mazurkiewicz cobrou mal um tiro de meta, Pelé pegou a bola de bate pronto e o goleiro teve de se esticar todo para fazer a defesa. O Rei colocou as mãos na cabeça. Não se conformava! Naquele momento só dava Brasil: Jairzinho e Tostão perderam grandes oportunidades. Aos 31 minutos, Tostão, no círculo central, recebeu de Pelé e soltou a bola para Jair, que levou o marcador e tocou na saída do goleiro: finalmente a seleção brasileira estava à frente no placar e de virada, assim como fez o Uruguai contra o Brasil, em 1950. Jairzinho se ajoelhou e foi cercado pelos companheiros. Pareciam estar rezando. Dessa vez foram os jornalistas brasileiros que provocaram os uruguaios nas cabines de imprensa.

Minutos depois, Pelé partiu com a bola pela esquerda, já no campo de ataque, quando Fontes, de novo ele, veio com tudo para cima do atleta brasileiro, mas levou do Rei uma tremenda cotovelada. Por incrível que pareça, o árbitro marcou falta em favor do Brasil. O Uruguai atacava pouco, mas chegou com perigo em uma cabeçada à queima-roupa de Cubilla em Félix. O goleiro brasileiro fez uma defesa exuberante e se redimiu da falha no gol adversário.

Aos 44 minutos, Pelé recebeu de Tostão, avançou até a entrada da área e rolou para o petardo, rasteiro, de Roberto Rivellino: 3 a 1. O Brasil se vingava dos fantasmas do passado. Na comemoração, os reservas invadiram o gramado e o goleiro Ado deu um abraço no camisa 11 do Brasil. No entanto, ainda faltava o grande momento de Pelé na partida. Não foi gol, mas a jogada valeu por um gol. Talvez seja o lance mais famoso da carreira do "atleta do século". Eram 46 minutos, Tostão lançou Pelé em profundidade. Na corrida, ele avançou, o goleiro Mazurkiewicz saiu da meta e só um gênio poderia raciocinar tão rápido: Pelé deixou a bola correr para um lado e ele foi para o outro. Mas, quando encontrou a bola novamente, o chute saiu cruzado, rasteiro e para fora, a centímetros de distância da trave. Foi espantoso!

O árbitro espanhol encerrou a partida. O Brasil estava na decisão, mas ainda não sabia se iria enfrentar a Itália ou a Alemanha. Os dois jogos começaram no mesmo horário e o duelo europeu estava empatado por 1 a 1 e iria para prorrogação.

A revista *Placar* batizou a vitória do Brasil sobre o Uruguai como "Guadalajarazo", uma referência ao "Maracanazo", como ficou conhecida a derrota de 20 anos antes. Pouca gente sabe, mas Zagallo estava no Maracanã naquele 16 de julho de 1950. Na época, ele servia o exército e ajudou a reforçar a segurança no estádio. Agora, passadas duas décadas, ele era o comandante do time que se vingou do Uruguai. Em determinado momento do tenso duelo, quando o Brasil já vencia por 2 a 1, Zagallo invadiu o gramado e depois explicou o motivo: "*Só entrei em campo para lembrar ao quadro que não aceitasse provocação alguma do adversário e mandar que todos tocassem a bola, evitando os choques, pois o jogo já estava definindo a nosso favor com os 2 a 1*". O treinador queria advertir Jairzinho para que não partisse para o revide. Coube a Pelé retirar o treinador, que poderia ter sido expulso do banco de reservas pelo juiz. Enquanto Zagallo queria apaziguar os ânimos, o técnico do Uruguai parecia gostar mesmo da violência. Juan Hohberg tentou agredir o árbitro espanhol depois do jogo.

A partida foi um teste para cardíacos e teve gente que não resistiu, de acordo com a imprensa: "*O pronto socorro cardiológico do Rio de Janeiro teve alta no atendimento de 30 por cento nas quartas de final e 40 por cento na semifinal. Deixou a equipe de plantão para a final. (...) O gol de Clodoaldo matou do coração Ariosvaldo Oliveira, veterano esportista paranaense. Já o gol de Rivellino vitimou o advogado Dirceu Parolim*". Aliás, Rivellino reclamou da violência dos adversários: "*O jogo com o Uruguai foi violento. O Cubilla fez um gol e eles achavam que podiam nos segurar com porradas. Inútil. Foi o único dia de chuva em Guadalajara, mas isso não influiu. Ganhamos de qualquer maneira*".

A atuação do gaúcho Everaldo foi elogiada pela imprensa e, falando ao *Estadão*, mandou um salve ao presidente Médici: "*O presidente da República é meu chapa e deve estar muito contente agora. Nesse momento eu penso muito nos meus patrícios do Brasil, na minha gente do Rio Grande do Sul e nos meus familia-*

res. Todos devem estar felizes como nós aqui. Isso é muito bom. Ganhamos um jogo difícil. Chegamos à final e para ela vamos".

Em São Paulo, a Rebouças foi tomada pela torcida, assim como a rua da Consolação, a Paulista e a Praça Roosevelt, no centro. A festa avançou pela madrugada. Muitos cantavam a música *Noite dos Mascarados*, de Chico Buarque (Quem é você, diga logo/Que eu quero saber o seu jogo/Que eu quero morrer no seu bloco/Que eu quero me arder no seu fogo).

O jornal *O Globo* apresentou o saldo da batalha: "*3 x 1 liquidam fantasma de 50: esplêndida demonstração de bravura e serenidade. Gérson sofreu uma pancada na barriga, Clodoaldo sentiu o joelho direito e Everaldo tem escoriações nas duas pernas, mas nada grave com os três*".

O pernambucano Nelson Rodrigues orientava os torcedores a abandonar a humildade: "*(...) Nunca houve na terra uma seleção tão humilhada e tão ofendida. E, além disso, os autores das vaias ainda pediam humildade. O justo, o correto, o eficaz é que assim incentivássemos a seleção de paus de arara. Tudo, menos humildade! Seja arrogante! Erga a cabeça! Suba pelas paredes! Ponha lantejoulas na camisa! (...) O espectro de 50 está mais enterrado do que sapo de macumba. (...) Queriam tirar do nosso futebol toda a magia, toda a beleza, toda a plasticidade, toda a imaginação. Faziam a apologia do futebol feio. Era como se estivessem apresentando o corcunda de Notre Dame como um padrão de graça e eugenia. Mas a famosa velocidade está a merecer um capítulo especial*".

Montagem com capas dos jornais (acervo pessoal do autor)

O Brasil partiu de Guadalajara no dia seguinte em direção à Cidade do México. O Centro Interamericano de Estudos e Segurança Social, prédio de dois andares, com 36 quartos, localizado próximo ao Azteca, passou a ser a casa da seleção nacional.

Mas quem venceu o confronto entre Itália e Alemanha? O jogo no Azteca, como já foi destacado, entrou para a história como o duelo do século

20. O tempo normal terminou empatado: Boninsegna abriu o placar, aos 8 minutos do primeiro tempo, e a Alemanha empatou com Schnellinger, aos 47 da etapa final.

A prorrogação foi de perder o fôlego, com cinco gols! Gerd Müller virou o jogo, aos 5 minutos do primeiro tempo. Aos 8, Burgnich empatou: 2 a 2. Riva colocou a Itália na frente, aos 14 minutos. Na etapa final da prorrogação, Gerd Müller, aos 5, deixou tudo igual de novo: 3 a 3. Os italianos deram a saída, partiram para o ataque e Rivera fez o quarto gol. A imagem que marcou aquela partida foi a do "Kaiser" Franz Beckenbauer jogando com o braço enfaixado, depois de deslocar o ombro.

Em Roma, a festa foi registrada por *O Globo*: "*Roma explodiu de alegria ontem de madrugada, com bandeiras tremulando, sirenes e buzinas tocando e milhares de pessoas na rua para comemorar a classificação para a partida final do Campeonato Mundial de Futebol. Mas a 'Squadra Azzurra' deixou o campo do Estádio Azteca, na Cidade do México, os primeiros carros começaram a buzinar pelas ruas de Roma*".

"Itália na final" (*La Gazetta dello Sport*/acervo pessoal do autor)

No sábado, dia 20 de junho, a Alemanha venceu o Uruguai no Azteca, por 1 a 0, gol de Wolfgang Overath, e ficou em terceiro lugar na Copa.

A Itália, campeã de 1934 e 1938, e o Brasil, vencedor de 1958 e 1962, iriam medir forças. Em disputa, estavam a hegemonia do futebol mundial e a conquista definitiva da taça *Jules Rimet* pelo primeiro tricampeão da história.

"Subimos juntos para cabecear, eu e Pelé. A lei da gravidade obrigou-me a descer ao solo. Perplexo, olhei para o alto. Ele permanecia, como um helicóptero, tentando a cabeçada. Conseguiu."

(Tarcisio Burgnich, vencido por Pelé no primeiro gol do Brasil na decisão)

O Brasil abre o placar na cabeçada de Pelé
(Revista *O Cruzeiro*/D.A Press)

9

Nessun Dorma, a sinfonia final
Brasil 4 x 1 Itália

Nessun Dorma quer dizer "ninguém durma" em italiano e é o nome do último ato da ópera Turandot (1926), de Giacomo Puccini. Conta a história da proclamação da princesa Turandot, determinando que ninguém deve dormir, pois todos têm de passar a noite tentando descobrir o nome do príncipe desconhecido.

Mas, afinal, o que isso tem a ver com a decisão de 1970? O time brasileiro era uma orquestra afinada, encantava a torcida e até hoje enche os olhos de quem assiste aos lances inesquecíveis, que podem ter, como música de fundo, *Nessun Dorma*, uma belíssima e emocionante composição, capaz de ser executada apenas por uma orquestra muito afinada. Quem assistiu à decisão da Copa de 1970 se emocionou da mesma forma como quem ouve a apoteose de *Nessun Dorma*.

Eis as escalações para a sinfonia final:

BRASIL 4 x 1 ITÁLIA – Cidade do México – 21.06.70

<u>Brasil</u>: Félix, Carlos Alberto, Brito, Piazza e Everaldo; Clodoaldo, Gérson, Jairzinho, Tostão, Pelé e Rivellino

Técnico: Zagallo

<u>Itália</u>: Albertosi, Burgnich, Cera, Rosato e Facchetti; Bertini (Giuliano), Domenghini e De Sisti; Riva, Mazzola e Boninsegna (Rivera)

Técnico: Ferruccio Valcareggi

Árbitro: Rudi Glöckner (Alemanha Oriental)
Gols: Pelé (17) e Boninsegna (37) no primeiro tempo. Gérson (21), Jairzinho (25) e Carlos Alberto (41) no segundo tempo
Público: 107.000

Domingo, 21 de junho de 1970. O duelo decisivo da Copa estava marcado para meio-dia, horário mexicano, 15 horas no Brasil. Milhões de pessoas pelo mundo foram para frente da televisão e acompanharam, pela primeira vez, uma finalíssima ao vivo, via satélite. A audiência, de 700 milhões de espectadores, de olho no Estádio Azteca, na Cidade do México, superou a da chegada de Neil Armstrong à Lua, em 20 de julho de 1969 (500 milhões de telespectadores).

Em terras brasileiras, familiares, amigos e desconhecidos se reuniram para assistir a um dos maiores espetáculos esportivos em todos os tempos. Ao contrário de 1958 e 1962, quando a transmissão em tempo real era feita pelo rádio, agora, com a TV, todos seriam testemunhas oculares da conquista do tricampeonato mundial de futebol. Desde a vitória contra o Uruguai, na quarta-feira anterior, a música *Pra Frente Brasil*, de Miguel Gustavo, era tocada de forma incessante.

O jogo entre Brasil e Itália seria um tira-teima entre continentes. Os europeus tinham quatro títulos: Itália (2), Alemanha e Inglaterra. Os sul-americanos também: Brasil e Uruguai, dois cada. Pelo regulamento, como brasileiros e italianos eram bicampeões, quem conquistasse o mundial pela terceira vez ficaria em definitivo com a taça *Jules Rimet*. O troféu, esculpido pelo francês Abel Lafleur para a primeira Copa, em 1930, no Uruguai, tinha 30 cm de altura e pesava 3,8 kg (sendo 1,8 kg de ouro maciço). Havia sido uma encomenda do então presidente da FIFA, Jules Rimet, idealizador do torneio entre seleções. A taça recebeu o nome dele apenas em 1946.

O jornalista Teixeira Heizer descreveu o clima no estádio, pouco antes do início da partida: "*Às 14 horas, o estádio Azteca já estava com sua capacidade esgotada. Números oficiais: 107 mil torcedores, mas especula-se que, no mínimo, 115 mil se apertavam pelas boas acomodações da bela praça de esportes mexicana. No ônibus, Pelé trincava os dentes. Não disse a ninguém, mas admitiu que esse deveria ser seu último jogo de Copa do Mundo*". Um filme passou na cabeça de Pelé naquele momento e foi inevitável uma descarga de emoção. O Rei do futebol, prestes a ser o primeiro tricampeão como jogador, chorou como uma criança, mas baixou a cabeça, dentro do ônibus, para que os companheiros não percebessem. Ele não era mais o garoto de 17 anos que chorou copiosamente nos ombros do goleiro Gylmar, em 1958. Agora, aos 29 anos, Pelé queria mostrar sobriedade e liderança em relação aos jogadores mais novos.

O campo do Azteca estava molhado, pois tinha chovido. Felizmente a chuva deu uma trégua durante o jogo e não estragou o espetáculo. Torcedores sem ingresso chegaram ao estádio ainda de madrugada na expectativa de assistir ao duelo final. Na concentração, os jogadores brasileiros fizeram um lanche reforçado e partiram para a arena. Se diante do Uruguai a imprensa falava em revanche de 1950, poucos se lembraram que a seleção brasileira tinha perdido para a Itália na semifinal da Copa de 1938, disputada na França.

Os italianos chegaram exaustos para enfrentar o Brasil por causa da prorrogação com os alemães, mas nem assim deixaram as provocações de lado. Luigi Riva, uma das estrelas da "Azzurra", declarou que a equipe europeia iria acabar com as pretensões da "ridícula" seleção brasileira. Como era tradição, a imprensa italiana vivia em pé de guerra com o selecionado do país e criticava o trabalho do técnico Ferruccio Valcareggi.

Faltavam alguns minutos para o meio-dia quando as duas seleções entraram em campo e o cerimonial deu início à execução dos hinos nacionais. Os capitães Carlos Alberto Torres, do Brasil, e Giacinto Facchetti, da Itália, trocaram flâmulas e posaram para os fotógrafos. O árbitro Rudolf "Rudi" Glöckner, da Alemanha Oriental, autorizou a saída de bola pelos italianos, que tiveram a primeira oportunidade do jogo. Riva chutou de fora da área e Félix espalmou para escanteio. O goleiro resolveu jogar a final de luvas, ao contrário das demais partidas. Jairzinho, como estava muito marcado pelo capitão Giacinto Facchetti, começou a deslocar-se para o meio, abrindo cada vez mais espaço para Carlos Alberto Torres. A Itália fazia marcação homem a homem, mas não aguentou o ritmo da partida.

Aos 17 minutos, Tostão cobrou lateral na esquerda, Rivellino foi rápido, cruzou na área e Pelé subiu mais alto do que Tarcisio Burgnich e desferiu uma cabeçada certeira, no canto esquerdo do bom goleiro Albertosi: 1 a 0.

Foi o décimo segundo gol do Rei na história das Copas, coroando a despedida dele dos mundiais. Para os supersticiosos, uma preocupação: desde 1950, a seleção que fazia o primeiro gol da decisão perdia a Copa. Mas os tabus existem justamente para ser quebrados.

O jogo estava equilibrado quando, aos 37 minutos, em um lance desnecessário, Clodoaldo tentou dar um toque de calcanhar na intermediária brasileira e perdeu a bola. Brito não conseguiu desarmar o ataque italiano, Félix saiu em desespero da área e Boninsegna, camisa 20 da Itália, tocou para o fundo do gol vazio: 1 a 1. Empolgados com o momento do jogo, os atletas italianos continuaram no ataque e Domenghini chutou de fora da área para a defesa atabalhoada de Félix.

A decisão da Copa foi um jogo catimbado e os brasileiros se irritaram, e muito, com a atuação do árbitro da Alemanha Oriental. Na marca dos 45 minutos, Pelé recebeu a bola dentro da área e marcou o gol. O juiz, no entanto, invalidou o lance ao alegar que tinha encerrado o primeiro tempo, antes de a jogada ser concluída. Pelé não se conformou com a marcação e reclamou com o árbitro. Walter Abrahão, que transmitia o jogo pela TV, também ficou revoltado, pois ainda faltavam alguns segundos para o fim da etapa inicial: *"O que ele marcou meu Deus? 5, 4, 3, 2, 1! É um indivíduo mal-intencionado o senhor Rudi Glöekner. Posso assegurar aos senhores com toda a certeza. É um indivíduo mal-intencionado"*.

Na etapa final, o mundo assistiu a 45 minutos antológicos de futebol. As duas seleções perderam chances claras de gol. Carlos Alberto cruzou da direita e Pelé chegou um pouco atrasado para chutar ao gol. Já a Itália, em um contra-ataque, quase balançou as redes: Domenghini chutou e a bola passou rente à trave, depois de desviar em Everaldo. Foi por pouco mesmo! Durante toda a partida, a seleção brasileira perdeu muitas chances em cobrança de falta. No lance mais perigoso, Rivellino mandou a bola no travessão.

O jogo parecia amarrado, mas prevaleceram a técnica, a melhor preparação física e o talento dos brasileiros. Aos 21 minutos, Gérson pegou uma sobra na entrada da área e fez um gol antológico. Mesmo com um defensor dando combate, o "canhotinha de ouro" encontrou um espaço e chutou no canto esquerdo de Albertosi: 2 a 1. Golaço! Praticamente todo o time foi comemorar na beira do gramado com os reservas: nas imagens da TV é possível ver Zagallo e o goleiro reserva Ado abraçando Gérson, ao lado de Pelé, Tostão, Jairzinho e Piazza.

Na sequência, quatro minutos depois, Gérson fez um lançamento longo a partir da intermediária esquerda da Itália. Pelé recebeu, tocou de cabeça para Jairzinho, que, dentro da pequena área, chutou de leve, e a bola entrou. Os italianos reclamaram que Pelé estaria impedido, como explicou Facchetti: "*A nossa defesa chegou a parar, porque o bandeirinha havia notado o impedimento*", mas o árbitro considerou a jogada normal.

Jair faz o terceiro do Brasil
(Revista *O Cruzeiro*/D.A Press)

Jairzinho chegou ao sétimo gol dele na Copa, artilheiro da seleção, com tentos marcados em todos os jogos. Ao comemorar, ele repetiu o gesto do tcheco Petras: se ajoelhou e fez o sinal da cruz.

Tostão chorava copiosamente e foi com lágrimas nos olhos que o camisa 9 continuou em campo até o fim. Era uma vitória pessoal dele, que superou os problemas com a retina e fez um sacrifício para se encaixar no esquema de Zagallo. Com 3 a 1 no placar, a Itália ficou desnorteada em campo.

Mas ainda faltava o lance fatal: o gol perfeito para coroar a seleção mais perfeita da história. A jogada começou quando o relógio marcava 41 minutos e envolveu cinco jogadores, a metade do time. Clodoaldo driblou quatro italianos ainda no campo de defesa e tocou para Rivellino, que lançou Jairzinho, já no ataque. Pela esquerda, Jair levou a marcação de Facchetti, tocou a Pelé, que estava a dois metros da meia lua da área. Ele rolou para Carlos Alberto Torres, livre, desferir um tiro cruzado. A bola, rente à grama, partiu como um foguete para o canto direito de Albertosi e estufou as redes. Gol do capitão do tricampeonato! Tostão, que estava à frente de Pelé, também ajudou a sinalizar a chegada do lateral brasileiro. Ao rever o lance, é possível observar que a bola, ao ser rolada por Pelé, sobe no "morrinho artilheiro" e Carlos Alberto pega na veia. Depois da comemoração atrás do gol, Pelé e Carlos Alberto voltaram ao centro de campo abraçados.

Nos instantes finais, Rivellino foi calçado na área, mas Rudi Glöckner não marcou pênalti. No último lance do jogo, os italianos tentaram um ataque, só que a bola foi parar nas arquibancadas. O público não queria devolvê-la e pedia o fim da partida. O árbitro esperou pacientemente. Félix cobrou o tiro de meta, o campo começou a ser invadido, e o juiz finalmente encerrou o jogo. A fatura estava liquidada: 4 a 1, e o Brasil era o dono definitivo da *Jules Rimet*.

O que se viu a partir daí foi uma enxurrada de torcedores no gramado do Azteca. O italiano Rosato correu para conseguir a camisa de Pelé. A edição especial da revista *O Cruzeiro* sobre a conquista no México lembrou que o camisa 10 começou menino na Copa de 1958 e chegou a Rei em 1970. A *Folha de S.Paulo* vibrava: "*Fora de série, feiticeiro, taumaturgo, a estrela que faltava em nossa bandeira nacional. Pelé Comendador Edson Arantes do Nascimento*".

Pelé é até hoje o único jogador da história a conquistar a Copa três vezes como jogador (em 4 disputadas), enquanto Zagallo se tornava, na época, o primeiro campeão do mundo como atleta (58-62) a vencer um título como treinador. O "velho lobo" ainda conquistaria o mundial de 1994 como auxiliar de Carlos Alberto Parreira.

Zagallo e Parreira comemoram o tri
(*Última Hora*/Arquivo Público do Estado de São Paulo)

Os brasileiros e mexicanos que invadiram o gramado colocaram um sombrero em Pelé.

O Rei e o sombrero
(Revista *O Cruzeiro*/D.A Press)

Em outro ponto do gramado, Tostão era literalmente assaltado: os torcedores levaram camisa, chuteiras e disputavam a tapa as meias do jogador. Por pouco, ele não ficou sem o calção. Já Rivellino desmaiou e foi atendido pelo massagista Mário Américo.

O massagista Mário Américo acode Rivellino
(*Última Hora*/Arquivo Público do Estado de São Paulo)

Félix chorava sem parar e se recusava a entregar a camisa aos torcedores. Horas mais tarde, o goleiro brasileiro ficou ainda mais emocionado ao falar com a filha pelo telefone. Patrícia Venerando dizia que muita gente não acreditava nele, mas agora o pai era um herói nacional. Jairzinho também foi um dos poucos que conseguiram ficar com a camisa e era carregado pelas pessoas que invadiram o gramado. Os câmeras e os fotógrafos também corriam atrás de Zagallo, que segurava uma prancheta.

Os jogadores foram para os vestiários tomar um rápido banho e colocar novas camisas. Antes de a seleção voltar ao gramado para a entrega da taça, o jornalista brasileiro Paulo Planet Buarque (ver mais sobre ele no próximo capítulo) foi ao alto-falante do Azteca pedir para que a torcida deixasse o gramado: "*Aos irmãos brasileiros e mexicanos que estão no campo, queiram fazer a gentileza de deixar o local para que seja possível darmos uma demonstração de educação esportiva e para que seja possível reconduzirmos a Copa Jules Rimet*".

Os jogadores brasileiros retornaram ao campo sob aplausos dos mais de 100 mil torcedores, que não arredaram pé do estádio, e subiram à tribuna de honra, passando por um cordão de isolamento aberto pelos seguranças no meio das arquibancadas.

O capitão Carlos Alberto Torres recebeu um cumprimento efusivo do presidente do México, Gustavo Díaz Ordaz, que lhe entregou o objeto mais cobiçado dos esportistas do planeta: a *Jules Rimet*. O capitão beijou a taça e a ergueu com os dois braços, repetindo o gesto de Hilderaldo Luís Bellini (1958) e de Mauro Ramos de Oliveira (1962). Aliás, se em 1958 Bellini foi o primeiro capitão a erguer a taça com as duas mãos, ao atender a um pedido dos fotógrafos que queriam a melhor imagem dele e do troféu, Carlos Alberto também inovou. "*Eu inaugurei a era do beijo na taça*", contava o ex-jogador, que morreu em 2016.

Carlos Alberto ergue a *Jules Rimet*
(*Última Hora*/Arquivo Público do Estado de São Paulo)

No Brasil, o presidente Médici comemorava em dose dupla, pois tinha acertado em cheio o placar: 4 a 1! Os jornais reproduziram declarações do presidente sobre a conquista do tricampeonato: "*Como um homem comum, como um brasileiro que, acima de todas as coisas, tem um imenso amor no Brasil e* uma crença inabalável neste país e neste povo. Sinto-me profundamente feliz pois nenhuma alegria é maior no meu coração que a alegria de ver a felicidade do nosso povo, no sentimento da mais pura exaltação patriótica". O médio Clodoaldo conta que levou uma bronca de Zagallo no intervalo da partida por causa da falha no gol dos italianos. Hoje ele brinca: *"foi para o presidente Médici acertar o placar"*.

Rivellino conta que, depois da vitória, Pelé entrou no vestiário e deu três berros: *"Eu não morri não, eu não morri não, eu não morri não!"*. Pelé mostrou para o mundo que estava mais vivo do que nunca.

A *Folha de S.Paulo* relatou no dia seguinte: *"Ao término da partida, o presidente Médici mandou que os torcedores que se encontravam na praça fronteiriça entrassem para o Palácio* [em Brasília] *e saiu para o meio do povo, enrolado em uma bandeira brasileira. Os torcedores o carregaram. Quando o puseram no solo, o presidente pegou uma bola dos netos e começou a mostrar sua habilidade no esporte em que o Brasil é campeão mundial. Fez embaixadas e chegou a dar umas de calcanhar, sendo estimulado pelos fãs, que diziam 'se o Zagallo soubesse, hein, presidente...'."*

Pelé, autêntico tricampeão
(Revista *O Cruzeiro*/D.A Press)

Em todo o Brasil, a população saiu para comemorar, fechou ruas, avenidas e lotou os bares. A *Folha* ressaltava: *"Todos juntos, é a festa do futebol pelo país"*. Na capital paulista, não faltou buzinaço, e os carros conversíveis eram vistos circulando com a bandeira nacional. A Paulista, centro financeiro da cidade, foi fechada pela multidão. A revista *Manchete* registrou que parte da colônia italiana tomou as ruas para comemorar o vice-campeonato e também celebrar o título do Brasil.

No Rio de Janeiro, o consumo de chope superou o dos dias de Carnaval. As ruas de Copacabana ficaram abarrotadas de gente e a Avenida Atlântica foi palco de um desfile de carros, com direito a buzinaço e bandeiras.

A repercussão

"Um excepcional time de futebol. Um time ofensivo, um time de artistas. Assim é o escrete brasileiro tricampeão do mundo, que jogou sempre um futebol de gols, um futebol de artilharia pesada. O jogo do medo, o jogo de retranca, o futebol covarde, curvou-se diante da força desse selecionado, cuja perfeição há de ficar por muito tempo gravada na lembrança dos brasileiros. A última goleada serviu para fixar a dimensão desse grupo inigualável de jogadores como conjunto. A Itália caiu lutando. Nem ela, nem qualquer equipe seguraria o Brasil nessa Copa." (Revista *Manchete* 04.07.1970)

O técnico Zagallo não tinha dúvidas: *"Ganhamos pela organização, pela tranquilidade que afinal, tivemos lá fora, pela dedicação ao trabalho, pela obediência às regras preestabelecidas para a delegação, pela união de todos e, acima de tudo porque, sem problemas, o futebol brasileiro é realmente o melhor"*, de acordo com a revista *Manchete*. O treinador questionava a imprensa: *"Vocês não diziam que essa defesa não prestava e que essa defesa nos levaria ao fracasso? E agora?"*. A seleção de 1970 teve uma média de 3,33 gols por jogo, apenas inferior ao escrete da Hungria de 1954: 4,5. A equipe do tri venceu todas as seis partidas, marcou 19 gols e sofreu 7.

A conquista da Copa era uma vitória simbólica para Carlos Alberto Torres: *"Essa taça eu resolvi vencer em 66. Desde então, ela estava atravessada na minha garganta (...). Naquela época eu fui cortado da seleção e em meu lugar entrou Fidélis. Jurei, então, que quando voltasse ao time seria para ganhar. E aí está"*. O capitão ironizou os italianos: *"A Itália cometeu muitos erros. O técnico Valcareggi falou demais. Cantou vitória antes do tempo. Enquanto isso, Zagallo mantinha-se discreto"*. Ele completa que a comissão técnica estudou a fundo o adversário da finalíssima: *"Chegamos a estudar profundamente os filmes dos jogos deles. Procuramos durante um dia inteiro os seus defeitos. E as melhores maneiras de explorá-los. Ganhamos pela insistência, pelo método e, também posso dizer de cabeça erguida, porque nessa Copa, time por time, o nosso era melhor que o da Itália e do que qualquer outro. Esse orgulho eu tenho: fui o capitão de um grande time"*.

Tostão, em sua coluna de 3 de novembro de 2019 na *Folha de S.Paulo*, escreveu: *"Uma das grandes qualidades da seleção de 1970, dirigida por Zagallo, era a organização e a disciplina tática. Treinávamos, todos os dias, como atacar defesas fechadas e como nos posicionar defensivamente, sempre com os três do meio--campo à frente dos quatro defensores*. É o que faz hoje a maioria dos técnicos, com a diferença de que agora são quatro ou cinco para proteger os quatro de trás. Evidentemente, a grande diferença técnica era quando o time recuperava a bola, com Gérson, Rivellino e Clodoaldo". O time de 1970 é referência até hoje para os treinadores.

A imprensa internacional dizia, na época, que a seleção brasileira praticou o antifutebol europeu. O time nacional ganhou a Copa atuando em bloco, e todos ajudavam na defesa. Os jornais também traziam a palavra do técnico da seleção inglesa, Alf Ramsey: "*Eles eram realmente os melhores. Fantásticos, como jogadores de futebol. Excepcionalmente preparados para a vitória*". Era uma soma de arte, talento e força física.

A revista *Veja* citava o jornalista espanhol Pedro Escartín, ex-juiz de futebol e por quase trinta anos integrante da FIFA: "*O Brasil nos comove porque joga um futebol de exceção*". Ele estava se referindo à insistência com que a seleção procurava o gol, em uma época marcada pelo jogo defensivo.

O então preparador Carlos Alberto Parreira, em entrevista à revista *Manchete*, fez questão de lembrar a união do grupo, pois todos os dias os atletas rezavam à noite quatro Ave-Marias e um Padre Nosso: "*Depois, um dos jogadores fazia uma espécie de discurso e todos o acompanhavam nos pedidos finais*".

Em uma entrevista que fiz com Tostão, em 1998, ele lembrou: "*ninguém era obrigado a participar daquelas sessões. Era um momento nosso, de reflexão, jamais pedimos para ganhar a Copa*". O grupo que ia à reunião foi aumentando durante a Copa. Em um programa exibido pela TV Tupi, um ano depois da conquista, Jairzinho também exaltou a união: "*Existia sempre, todas as noites, a partir das 7 horas, uma reunião entre os jogadores e essa reunião daria-se em uma missa. Participavam diversos jogadores que eram católicos, que gostavam de rezar. Eu era um dos participantes*". Nesse mesmo programa, o brigadeiro Jerônimo Bastos, em uma rara aparição, dizia: "*Todos nós nos preparamos admiravelmente para aquele enlace final. Eu tenho certeza que jogadores, técnicos, chefe da delegação, não esperavam outra coisa*".

O todo poderoso cartola da CBD, João Havelange, tinha uma leitura simples: "*Vencemos porque, do chefe ao cozinheiro, todos foram perfeitos*". Já o técnico Aymoré Moreira, campeão em 1962, fez a seguinte análise: "*O futebol jogado nessa Copa foi inteiramente diferente do de outras, um futebol que passou a depender da inteligência dos jogadores, do planejamento que cada time levou para campo, da maneira como soube vencer a atitude – o maior adversário. (...) Não basta juntar onze atletas e treiná-los. Só os mais hábeis, os mais inteligentes, os mais capazes chegaram às finais*". A conquista do tricampeonato contribuiu para que João Havelange chegasse à presidência da FIFA e sucedesse o inglês Stanley Hous. Havelange comandou a entidade de 1974 a 1998.

João Saldanha, na crônica "Vitória da arte", publicada em 22 de junho de 1970, ressaltava o futebol ímpar da seleção: "*Antes de mais nada, quero dizer que a vitória extraordinária do Brasil foi a vitória do futebol. Do futebol que o Brasil joga, sem copiar de ninguém, fazendo da arte de seus jogadores a sua força maior, e impondo ao mundo futebolístico o seu padrão que não precisa seguir esquema dos outros, pois tem sua personalidade, a sua filosofia e jamais deverá sair dela. Foi uma vitória do futebol*". João Saldanha também era, de certa maneira, campeão mundial. Foi ele o responsável por recuperar a autoestima da seleção, depois do vexame em 1966.

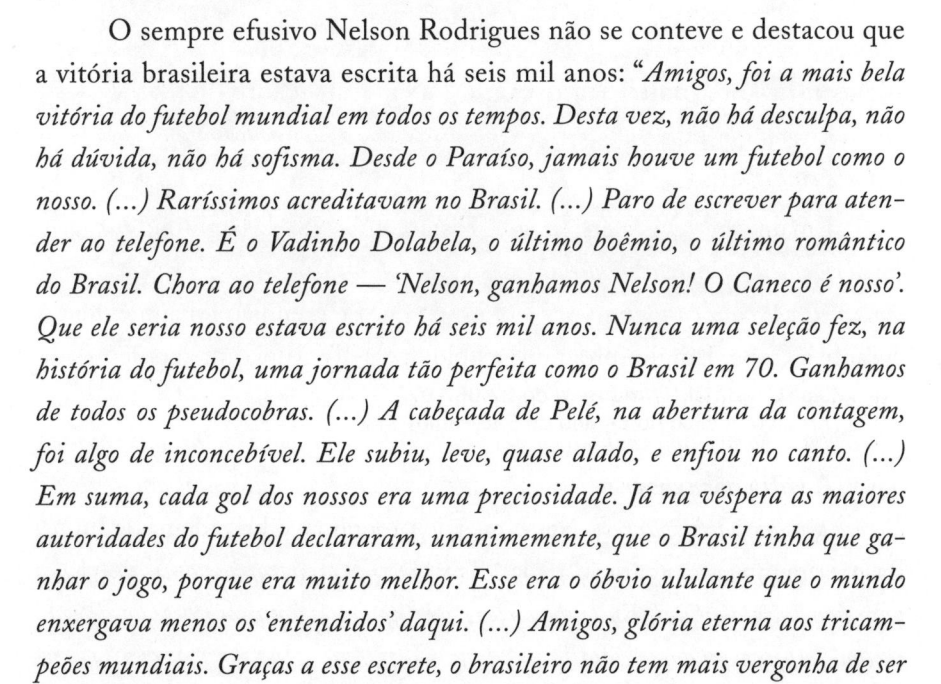

O sempre efusivo Nelson Rodrigues não se conteve e destacou que a vitória brasileira estava escrita há seis mil anos: "*Amigos, foi a mais bela vitória do futebol mundial em todos os tempos. Desta vez, não há desculpa, não há dúvida, não há sofisma. Desde o Paraíso, jamais houve um futebol como o nosso. (...) Raríssimos acreditavam no Brasil. (...) Paro de escrever para atender ao telefone. É o Vadinho Dolabela, o último boêmio, o último romântico do Brasil. Chora ao telefone — 'Nelson, ganhamos Nelson! O Caneco é nosso'. Que ele seria nosso estava escrito há seis mil anos. Nunca uma seleção fez, na história do futebol, uma jornada tão perfeita como o Brasil em 70. Ganhamos de todos os pseudocobras. (...) A cabeçada de Pelé, na abertura da contagem, foi algo de inconcebível. Ele subiu, leve, quase alado, e enfiou no canto. (...) Em suma, cada gol dos nossos era uma preciosidade. Já na véspera as maiores autoridades do futebol declararam, unanimemente, que o Brasil tinha que ganhar o jogo, porque era muito melhor. Esse era o óbvio ululante que o mundo enxergava menos os 'entendidos' daqui. (...) Amigos, glória eterna aos tricampeões mundiais. Graças a esse escrete, o brasileiro não tem mais vergonha de ser patriota. Somos 90 milhões de brasileiros, de esporas e penacho, como os dragões de Pedro Américo*".

Capa do jornal *Última Hora* de 22.06.1970
(Arquivo Público do Estado de São Paulo)

A volta para casa

A *Folha de S.Paulo* de 22 de junho de 1970 trazia na manchete principal: *"Eles voltam amanhã com a taça"*. O roteiro estava pronto: *"A chegada ao Rio de Janeiro está prevista para entre 16 e 17hs de terça-feira (23) e os jogadores viajarão em um Boeing da Varig especialmente fretado que sairá hoje (22) da Cidade do México, por volta das 23hs locais. O voo será direto até Brasília, com almoço marcado entre 11 e 12hs, e às 15hs, a viagem prosseguirá com destino ao Rio"*.

Em Brasília, os campeões do mundo foram recebidos por uma multidão de 70 mil pessoas na Praça dos Três Poderes. Um helicóptero jogava papeizinhos com a seguinte mensagem ufanista: *"Somente com a nossa união, somente com a ordem, com a soma da vontade de todos, com a soma da energia de todos, com trabalho, serenidade, coragem, inteligência, determinação e patriotismo, com a participação de todos os brasileiros haveremos de fazer a década que se inicia, sob o signo da Taça de Ouro, a década de ouro do Brasil"*.

Carlos Alberto e o presidente Médici
(*Última Hora*/Arquivo Público do Estado de São Paulo)

Os atletas cumpriram protocolo: se encontraram com o presidente Emílio Médici no Palácio do Planalto e, depois, no Alvorada, foram recebidos com almoço. Médici e a primeira dama, Scyla, seguraram orgulhosos a *Jules Rimet*. O encontro teve direito a bolo e presentes aos jogadores, de acordo com a *Placar*: *"O presidente abraçou os jogadores, um a um, perante a multidão reunida em frente ao Palácio do Planalto. Em seguida ofereceu um almoço à delegação e a sobremesa foi muito apreciada. Por cortesia da Caixa Econômica Federal, cada tricampeão recebeu um cheque de 25.000 cruzeiros (valor equivalente a um*

Corcel zero e mais um troco). Médici ainda prometeu a concessão para exploração de lojas de loteria esportiva, o que, na época, era uma mina de dinheiro". O governo decretou ponto facultativo nas repartições federais.

A primeira dama e Carlos Alberto
(*Última Hora*/Arquivo Público do Estado de São Paulo)

Já na Guanabara, a seleção também desfilou em carros dos bombeiros, a seguir pelos principais pontos da cidade do Rio, como avenida Presidente Vargas, praias do Flamengo e do Botafogo, até o Hotel Plaza, em Copacabana, onde a delegação passou a noite. No dia seguinte, os jogadores dos demais estados puderam finalmente embarcar para casa. A festa ainda se repetiu em

Belo Horizonte, com homenagens a Tostão, Piazza, Dario e Fontana. Em Porto Alegre, Everaldo foi ovacionado. Pelé seguiu direto para Santos e não participou de eventos em São Paulo.

Da esquerda para direita: Tostão, Clodoaldo, Brito, Pelé, Paulo Cézar, Gérson (ao fundo), Joel e Jairzinho. Os tricampeões desfilam no Rio de Janeiro
(*Última Hora*/Arquivo Público do Estado de São Paulo)

"5, 4, 3, 2, 1, México: minuto zero de uma sensacional transmissão da Copa do Mundo pela Rede de Emissoras Associadas, Rede Globo de Televisão e Rede de Emissoras Independentes. Minuto zero: Esso, Gillete, Souza Cruz, juntas para dar ao Brasil a primeira Copa do Mundo ao vivo. Alô, alô, México."

(texto da vinheta de abertura das transmissões da Copa pela TV)

10

Som, imagem e uma conquista imortal: o rádio e a TV em 1970

"*Por pouco pouco, muito pouco pouco mesmo!*", exaltava o narrador Geraldo José de Almeida ao descrever uma jogada perdida pelo ataque do Brasil na estreia contra a Tchecoslováquia. Na hora do gol, ele soltava a voz: "*Olha lá, olha lá, olha lá, no placarrrr*". Quem acompanhou ao vivo guarda na memória as eternas vozes que participaram das primeiras transmissões via satélite de uma Copa. Como o aparelho de televisão era artigo de luxo, as famílias e os amigos se reuniam em casa ou em locais públicos, como bares e praças, para assistir aos jogos.

Em tempos de internet, de comunicação frenética, de redes sociais e de compartilhamento avassalador de vídeos pelo celular, é difícil imaginar que antes do mundial de 1970 não havia transmissão ao vivo para o Brasil de jogos da Copa pela televisão. A TV foi inaugurada no país em 1950. De 1938 a 1966, as transmissões ao vivo eram feitas exclusivamente pelas ondas do rádio. Mas vale lembrar que em 1962 e 1966 já havia videoteipe e as partidas eram exibidas pelas emissoras de televisão dias depois dos jogos.

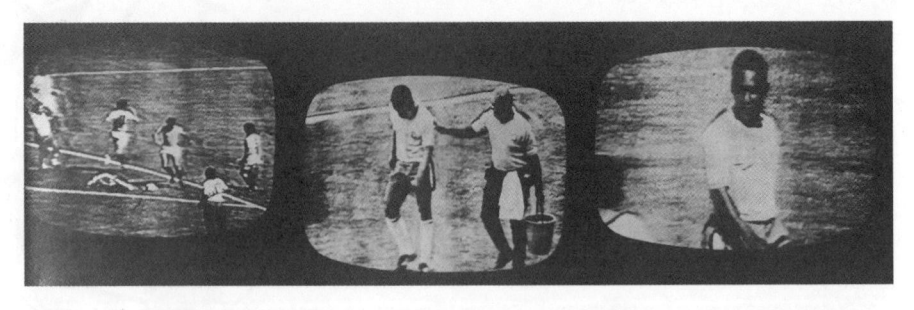

O tamanho da tela da TV não importava: tudo era novidade com a Copa ao vivo

Como mostrei no livro *Biografia das Copas*, dos 32 jogos disputados em 1970, 11 foram exibidos ao vivo no Brasil. Como do México vinham apenas um som e uma imagem, as emissoras formaram um *pool* e os narradores tiveram de se revezar durante as transmissões, em uma divisão feita por sorteio. Geraldo José de Almeida, da Globo, por exemplo, narrou os três gols marcados pelo Brasil na etapa final contra os tchecos. Walter Abrahão deu voz aos gols da seleção no segundo tempo contra o Uruguai, na semifinal. Já Fernando Solera, da Bandeirantes, foi o mais sortudo ao ser escalado para o segundo tempo da decisão da Copa. Solera conta: "*antes do mundial, fizemos o sorteio para definir quem iria narrar qual tempo dos jogos transmitidos ao vivo pela TV brasileira, não só os do Brasil*". Como a TV Tupi tinha dois narradores, Walter Abrahão e Oduvaldo Cozzi também se revezavam entre eles.

O *pool* de televisão foi dividido em:

Rede Associada de Televisão (TV Tupi): Walter Abrahão e Oduvaldo Cozzi (narradores). Rui Porto e Geraldo Bretas (comentaristas).

Rede Globo de Televisão: Geraldo José de Almeida (narrador) e João Saldanha (comentarista).

Emissoras Independentes: Fernando Solera (narrador/TV Bandeirantes) e Leônidas da Silva (comentarista/TV Record).

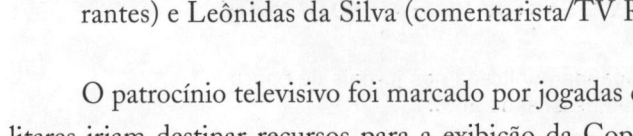

O patrocínio televisivo foi marcado por jogadas de bastidores. Os militares iriam destinar recursos para a exibição da Copa por meio da Loteria Esportiva, mas duas agências de publicidade, a McCann Erickson e a Thompson, entraram no processo. As agências reivindicaram a participação

de anunciantes privados e o governo deu então um prazo de 48 horas para que fossem captadas empresas interessadas na transmissão. As negociações deram resultado: a Esso, a Souza Cruz e a Gilette pagaram 4 milhões e 500 mil cruzeiros.

As emissoras tinham o direito de explorar os 10 minutos anteriores e os 10 minutos posteriores aos jogos. Foram vendidos cinco minutos para a Loteria Esportiva e Caixa Econômica Federal. O governo utilizava o espaço para fazer propagandas das duas instituições e ainda exibia filmes em alusão ao regime. Ao detalhar o processo, a revista *Veja* elogiou a iniciativa do governo: "*São teipes curtos, de um minuto, muito bem feitos, de extremo bom gosto, que exaltam o otimismo, o respeito aos velhos e outras coisas como o trabalho em equipe. Talvez a própria seleção devesse ver esses filmezinhos antes de entrar em campo. O governo certamente espera que eles tragam frutos junto aos jogadores, também*".

Os olhos dos fanáticos por futebol brilhavam: como seria assistir ao mundial ao vivo, em tempo real? Uma reportagem do *Estadão* detalhava: "*Hoje, a partir das 15 horas (meio-dia, no México), o público do Brasil começará a ver as primeiras imagens do nono Campeonato Mundial de Futebol: é o momento em que se inicia a transmissão direta do 'pool' brasileiro de televisão, que cobrirá o jogo de estreia entre México e União Soviética e mais 10 partidas até o final do campeonato. Pelo contrato feito com os mexicanos (Telesistema Mexicano), o pool receberá 21 jogos em videoteipe que serão transmitidos pelo comando das três cadeias exatamente às 23hs, usando os links das Emissoras Associadas e da Globo entre Rio-São Paulo-Belo Horizonte-Brasília*".

Hoje dentro do programa Silvio Santos
Diretamente do México · 2 e meia da tarde
ABERTURA OFICIAL DA COPA 70
João Saldanha
Pedro Luiz · Mário Moraes
Geraldo José de Almeida
Uma atração a mais do programa
SILVIO SANTOS · HOJE ATÉ 10 DA NOITE

Propaganda publicada nos jornais da época
(acervo pessoal do autor)

Com facilidade de crediário, a procura por aparelhos de TV cresceu 50% na época da Copa, e os anúncios nos jornais eram cada vez mais comuns:

Propaganda publicada nos jornais da época (acervo pessoal do autor)

As repartições públicas anteciparam o fim de expediente, e os colégios não marcaram provas para o dia de jogos do Brasil. Quem não conseguisse chegar a tempo em casa, tinha algumas opções, como o coreto da Praça da República, em São Paulo, onde foi instalada uma televisão.

Mesmo com o fim da Copa, em 21 de junho, as emissoras continuaram exibindo teipes dos jogos nos fins de noite para cumprir contrato. As imagens vinham do México por meio do satélite Intelsat III-F-6. Uma gigantesca antena parabólica foi construída na Estação de Itaboraí, no Rio de Janeiro, para receber as imagens de um dos satélites Intelsat, estacionário em um ponto a 26 quilômetros de altura sobre o Atlântico Sul.

Em todo o mundo, além do Intelsat, países receberam as imagens por meio de um consórcio, o Intersputnik, equipamento da então União Soviética. Ao todo, a transmissão da Copa foi vista por 700 milhões de pessoas, ou seja, um terço da população mundial em cerca de 70 países: Alemanha Ocidental, Alemanha Oriental, Argélia, Antilhas Holandesas, Argentina, Austrália, Áustria, Bahamas, Bélgica, Bolívia, Brasil, Bulgária, Canadá, Tchecoslováquia, Chile, Congo, Colômbia, Dinamarca, Equador, El Salvador, Inglaterra, Escócia, Irlanda, Espanha, Etiópia, Finlândia, França, Grécia, Guatemala, Haiti, Holanda, Honduras, Hungria, Indonésia, Irã, Israel, Itália, Jamaica, Japão, Líbano, Líbia, Malta, Marrocos, Martinica, Ilhas Maurício, México, Moçambique, Nicarágua, Noruega, Panamá, Paraguai, Peru, Polônia, Portugal, Porto Rico, República Árabe Unida, Romênia, União Soviética, Suécia, Suíça, África do Sul, Tailândia, Trinidad, Tunísia, Turquia, Uruguai, Estados Unidos, Venezuela, Vietnã do Sul e Iugoslávia.

As imagens eram captadas nos estádios pelas equipes do Telesistema Mexicano. Em 1962, a empresa já tinha sido responsável por gravar os 32 jogos do mundial, disputado no Chile, e fazer a distribuição dos teipes aos países. O Telesistema, uma união de canais de TV do México, foi fundado ainda nos anos 50 por Emilio Azcárraga Vidaurreta. O empresário adquiriu os direitos de captação e retransmissão dos jogos da Copa de 1970.

Já a Empresa Brasileira de Telecomunicações (Embratel) afirmava que a confiança do telespectador nas transmissões seria de 99,99%. Se a imagem falhasse, estavam garantidos dois canais de telefone para transmissão de voz aos aparelhos de TV. De acordo com o *Estadão*, "*a maior possibilidade de falha está na retransmissão das emissoras, mas isto também não traz nenhum problema: é só mudar de canal ou esperar alguns segundos para que a emissora que saiu do ar capte a imagem de outra, o que é fácil (tão fácil que o Canal 9 de São Paulo, Excelsior, mesmo estando fora do pool das emissoras, está transmitindo a Copa, captando imagem de outro canal)*".

A audiência das partidas no Brasil foi massacrante, conforme a *Veja*: "*A TV brasileira entra na segunda semana da Copa do Mundo com o maior público dos seus vinte anos de existência, perto de 30 milhões de pessoas. Na semana de estreia, as excelentes imagens do Telesistema Mexicano chegaram com facilidade e nitidez a todos os lugares alcançados pela rede da Embratel*".

Uma pesquisa do Ibope indicou que no dia da estreia do Brasil, em 3 de junho, 93% dos aparelhos localizados na Guanabara (antigo estado, atual município do Rio) ficaram ligados das 19 horas às 22 horas.

Algumas localidades ainda não contavam com emissoras de TV e ficaram excluídas das transmissões da Copa: Amazonas, Maranhão, Piauí, territórios de Rondônia, Roraima e Amapá. Já os moradores do Pará assistiram apenas aos teipes dos jogos, pois a emissora própria do estado ainda não estava ligada à rede da Embratel.

As narrações dos gols nos jogos do Brasil nas transmissões da TV

Brasil 4 × 1 Tchecoslováquia – 03.06.1970
Primeiro tempo – Fernando Solera
Gol de Petras: "*Olha a descida de Petras; oh, meu Deus do céu! Olha o gol de Petras para a Tchecoslováquia. Um a zero Tchecoslováquia no placar de Guadalajara*".

Gol de Rivellino: "*Caiu Pelé. Onde está o Rivellino, onde está o Rivellino? É a sua vez para a cobrança da falta, Rivellino. Lá vai Riva, olha aí... Rivellino. Não dava outra coisa, não dava outra coisa. Rivellino e fim de papo, 1 a 1*".

Segundo tempo – Geraldo José de Almeida

Gol de Pelé: "*Gérson, a Pelé. Que bola-bola! Olha lá, olha lá, olha lá no placar! Deus lhe pague, Pelé. Golaço de Pelé, Saldanha. Golaço, veja a repetição. É gol de craque. É gol do Brasil, minha gente*".

Gol de Jairzinho: "*Clodô a Gérson; Gérson Jair, vai que o lance é seu, dribla o arqueiro, mata no peito. Olha lá, olha lá, olha lá, no placarrr. Jairzinho. Brasil 3, Tchecoslováquia, 1*".

Gol de Jairzinho: "*Que bola-bola para Jair. Vamos lá Jairzinho, isso meu peito de aço, vamos lá. E lá vai ele, mais um, é o segundo, é o terceiro. Olha lá, olha lá, olha lá, no placar. Jairzinho! Um prêmio à sua raça Jair, à sua bravura. Um homem que lutou. O rompe áreas! Gol do meu Brasil, minha gente. Brasil 4 a 1*".

Brasil 1 × 0 Inglaterra – 07.06.1970

Primeiro tempo – Geraldo José de Almeida

Segundo tempo – Walter Abrahão

Gol de Jairzinho: "*Vai Tostão, vai Tostão, bem Tostão! É sua Pelé! É sua Jairzinho, olha o gol aí. Gooool sensacional de Jairzinho, uma jogada de mestre de Tostão, seguido por Pelé e Jairzinho completou. É uma coisa impressionante, o estádio vibra. Veja a repetição, 1 a 0, Brasil. Catorze minutos. Rui [Rui Porto, comentarista], já marcamos o nosso*".

Brasil 3 × 2 Romênia – 10.06.1970

Primeiro tempo – Oduvaldo Cozzi

Gol de Pelé: "*Tostão na frente, Pelé atrás, passou por ele, apontou, atirou, gooooool! Pelé, dezenove minutos, explode la perla de Guadalajara, o estádio de Jalisco*".

Gol de Jairzinho: "*Olha Paulo Cézar, olha o pé bom dele, meu Deus, olha o pé bom, esse não é o bom, rasteirinho, gooool, Jair, Jair, gol, Jair, gol, número sete, vinte e dois minutos*".

Gol de Dumitrache: "*O melhor futebol do mundo em seu televisor, a cobertura completa da Copa pela Rede Brasileira de Televisão. Olha o gol! Meu Deus do céu! Olha o gol, Dumitrache, número nove. Nós estávamos dizendo aos senhores que pela terceira ou quarta vez, eu lhes chamava atenção para as falhas*".

Segundo tempo – Fernando Solera

Gol de Pelé: "*Curtinho para Jairzinho, no centro vai Tostão, entrou Pelé! Agora é, agora é, agora é: 3 a 1 Brasil. Pelé*".

Gol de Dembrowski: "*A Satmareanu, olha ali, olha ali, olha ali o gol dos homens! Na saída má do arqueiro Félix. Dembrowski, o ponteiro direito, de cabeça, marca: 2 para a Romênia, contra os três do Brasil*".

Brasil 4 × 2 Peru – 14.06.1970

Primeiro tempo – Fernando Solera (não há registro)

Segundo tempo – Geraldo José de Almeida

Gol de Tostão (3º): "*Dominou Pelé, servindo bem, Jair recebe o serviço. Brasil no ataque, Pelé pela direita, a bola lhe é lançada, Pelé penetra, atirou, olha lá, olha lá no Placar! Tostão, mineirinho de ouro. Brasil 3, Peru 1*".

Gol de Cubillas: "*Aí vai Sotil, a Cubillas, a Sotil, boa combinação, olha aí! Olha lá, olha lá, olha lá. Cubillas, no placar. Cubillas desconta para o Peru. Agora, Brasil 3, Peru 2*".

Gol de Jairzinho: "*Jair encosta, Rivellino, Jair, que bola-bola! Olha o arqueiro driblado, olha aí minha gente. Olha lá, olha lá, olha lá, no placarrrr, gol de letra de Jairzinho, minha gente! O Brasil vence, minha gente*".

Brasil 3 × 1 Uruguai – 17.06.1970

Primeiro tempo – Geraldo José de Almeida

Gol de Cubilla: "*Brito infeliz deu a Morales. Morales cruza, atenção, o que que é isso? Olha lá, olha lá, olha lá, no placar! Cubilla, 1 a 0 no placar. Quando tínhamos dezessete minutos da primeira etapa. Félix ficou olhando*".

Gol de Clodoaldo: "*Clodoaldo, Brasil no ataque, Tostão, vamos minha gente, que bola-bola Clodô! Olha lá, olha lá, olha lá no placarrrr. Clodoaldo! Olha lá, olha lá, olha lá, meu Brasil querido*".

Segundo tempo – Oduvaldo Cozzi e Walter Abrahão (narrou os dois gols)

Gol de Jairzinho: "*Vejam Pelé ao lado, atrás, Tostão, ligeiro o toque, foi bom! Tostão a Jair. Grande jogada, atenção telespectadores, tocou, goooooool do Brasil! Gol de Jairzinho. Sensacional. Está aí o nosso gol, Rui. Está aí o nosso gol, telespectadores*".

Gol de Rivellino: "*Tostão e Pelé, jogada legalíssima! Atenção telespectadores pode sair o terceiro gol do Brasil. Pelé e Ubiñas pela frente. Para Rivellino encher o pé: gooooool! O terceiro gol do Brasil. Brasil no Azteca! Eu já perdi a voz, telespectadores. É sensacional. Deus está me ajudando e está ajudando o Brasil*".

Brasil 4 × 1 Itália – 21.06.1970

Primeiro tempo – Oduvaldo Cozzi (narrou o gol do Brasil) e Walter Abrahão (narrou o gol da Itália)

Gol de Pelé: "*Zero para o Brasil, zero para a Itália. Olha aí Pelé de cabeça, gooooool! Pelé no cruzamento de Rivellino. Pelé, Rivellino levantou! Pelé, meu Deus. Um tento a zero. Pelé de cabeça. A deusa de ouro está em Pelé*".

Gol de Boninsegna: "*Percebem os senhores portanto que não há distração na defesa brasileira. Brito com classe! Não, Clodô, não Clodô. Apareceu Boninsegna, Brito salva, entra Gigi Riva, gol aberto, gol da Itália! Uma jogada sem nenhuma necessidade de Clodoaldo. Um pecado mortal do nosso grande médio Clodoaldo*".

Segundo tempo – Fernando Solera

Gol de Gérson: "*Procura Jair na caminhada, escondeu a bola, deu a Gérson, atenção, chutou: o melhor futebol do mundo no barbante deles! Gérson, no barbante deles! Não tinha dúvidas, tinha que acontecer, é a diferença muito grande de categoria*".

Gol de Jairzinho: "*Olha lá, Pelé, atenção, Jair, Jair: o melhor futebol do mundo no barbante deles, no barbante deles! Jairzinho*".

Gol de Carlos Alberto: "*Clodoaldo, olha aí, olha aí, olha isso, é dessa maneira que se ganha a Copa, é com esse espírito que se ganha a Copa! Lá vai Jairzinho, agora na ponta canhota, jogou pelo miolo, a Pelé, Carlos Alberto, atenção, atenção, atenção, olha lá: o melhor futebol do mundo no barbante deles! Acabou a Copa, acabou a Copa, Carlos Alberto, 4 a 1*".

Em cores ou preto e branco?

Cabe aqui discutir uma questão: afinal, a Copa de 70 foi transmitida em cores ou não? Na memória afetiva da esmagadora maioria, só existem imagens em preto e branco. Outros garantem ter assistido aos jogos já em cores. Oficialmente, as transmissões coloridas no Brasil começaram com a *Festa da Uva* de Caxias do Sul, em 1972. No entanto, as imagens do México já chegavam ao país em cores, mas a maioria dos 4 milhões de aparelhos de TV existentes não possuía a tecnologia.

O sinal chegava ao Brasil no formato NTSC, padrão americano, já em cores. A Embratel instalou, em postos específicos, televisores capazes de captar cor: em São Paulo (Edifício Itália), no Rio de Janeiro (Palácio Laranjeiras) e em Brasília (Palácio da Alvorada), mas era algo para privilegiados, como o presidente da República, ministros, governadores, secretários e outras autoridades civis e militares.

O jornalista Ethevaldo Siqueira, especializado em tecnologia, assistiu aos jogos no Edifício Itália em São Paulo: "*Vimos com o sinal original que vinha do Intelsat, no formato americano NTSC, em cores. Além dos postos da Embratel, estimo que existissem de quinhentos a mil aparelhos importados no Brasil já com capacidade de captar cores. Eram pessoas de alto poder aquisitivo que já queriam ter em casa um televisor preparado para receber tanto o sinal preto e branco como em cores, como efetivamente veio ocorrer a partir de 1972*". Segundo Ethevaldo Siqueira, um aparelho importado custava cerca de 5 mil dólares, uma fortuna para época (o equivalente a 33 mil dólares, hoje, valor atualizado pelo IPC dos EUA). Já um televisor nacional, de 23 polegadas, custava, em média, 800 cruzeiros; um dólar valia Cr$ 4,56, como ressalta o economista Alex Agostini.

A Copa do Mundo também foi decisiva para que a Embratel definisse qual formato utilizaria a partir do momento em que as cores fossem adotadas em definitivo na TV brasileira: "*O sistema escolhido foi o PAL-M e não o NTSC, pois, nos testes feitos pela Embratel durante a Copa do Mundo, as cores mais vivas eram as do PAL-M*", relata Ethevaldo Siqueira.

Uma reportagem do *Estadão* trazia os "bastidores" técnicos das transmissões em São Paulo, antes da estreia da seleção: "*Agueiros, Maurício, Florêncio, Generoso e Roberto – este é o time da Embratel responsável pela imagem da Copa em todo o sul do país. O engenheiro Geraldo Tunkel é o chefe dessa equipe de televisão da Embratel, sob a supervisão do engenheiro Marco Antonio Almeida Rodrigues, chefe do Distrito de São Paulo. Numa sala do 36º andar do Edifício Itália, Agueiros e Maurício serão os únicos responsáveis pela imagem que 25 milhões de telespectadores vão receber diretamente do Estádio Jalisco. Florêncio e Generoso estarão nas emissoras de televisão (um no Jaraguá, onde está a torre do canal 5, outro no Sumaré, canal 4) Roberto ficará no Circolo Italiano, onde 300 convidados, incluindo o governador assistirão ao jogo em cores, em 4 monitores especialmente instalados*".

Já no dia seguinte à estreia brasileira, o mesmo jornal fazia um relato sobre as autoridades que compareceram ao posto da Embratel instalado no anfiteatro do Edifício Itália, no centro da capital paulista. O governador do estado, Abreu Sodré, estava presente. E ainda: "*Entre os convidados especiais da Embratel para sua transmissão em cores, estavam o general Dale Coutinho, o ministro Nicolau Tuma, Lélio de Toledo Piza, João Saad, diretores da CTB, se-*

cretários do governo do Estado e muitos empresários. Era impossível manter-se o formalismo e a sobriedade numa plateia de 400 pessoas, que torciam ruidosamente do começo ao fim".

Mas os postos da Embratel não estavam livres dos problemas técnicos. No jogo entre Brasil e Romênia, disputado às 16 horas (horário local), o sol interferia nas lentes das câmeras. "*Nem os aparelhos em cores da Embratel escaparam da grande faixa de sombra das arquibancadas sobre o gramado, que prejudicou a transmissão. O contraste entre a parte iluminada pelo sol e a sombreada exigia uma adaptação imediata da luminosidade das câmeras, o que sempre ocorria. Como resultado, os lances na sombra não eram bem vistos, as camisas dos jogadores pareciam pretas ou azul marinho e a bola desaparecia*", relatava o *Estadão*.

O jornalista e memorialista Geraldo Nunes, integrante da Academia Paulista de História, tinha 12 anos em 1970 e assistiu aos jogos da Copa em um televisor preto e branco: "*Assistir a Copa em preto e branco ou em cores era o que menos importava. O grande barato era assistir a Copa ao vivo, pela primeira vez. Como nem todos tinham TV naquela época, as salas de estar das famílias viraram verdadeiras arquibancadas, com familiares e amigos reunidos*". Na opinião de Geraldo Nunes, o ano de 1970 significou o marco inicial da globalização no Brasil, com as transmissões ao vivo pela televisão.

As emissoras de TV exibiram o jogo de abertura do mundial entre o México e a URSS, pelo grupo A. Já a segunda partida transmitida ao vivo foi entre Peru e Bulgária. Desse duelo, uma história interessante, contada por Léo Batista, da TV Globo, uma das vozes mais marcantes do jornalismo esportivo do país. Em depoimento ao Sportv, ele contou: "*Eu estava na redação [no Rio de Janeiro], quando Walter Clark saiu desesperado da sala dele. O áudio da transmissão da partida entre Peru e Bulgária tinha caído. Walter Clark gritou para mim: 'Léo, vai para a cabine e segura a transmissão até o som do México voltar'. Eu olhei para a minha mesa e vi que tinha a edição do dia do Jornal do Brasil. Peguei o caderno de esportes, que trazia as escalações e os números dos jogadores, fui para o estúdio e comecei a fazer a transmissão. Foi quando saiu o gol de Dermendjev, da Bulgária. Ou seja, quem estava assistindo à transmissão da Globo naquele dia, viu o primeiro gol da Copa com a minha narração*".

Com a chegada efetiva da TV em cores ao Brasil, em 1972, emissoras como a Globo, a Bandeirantes e a Cultura adquiriram cópias coloridas dos jogos da seleção brasileira. Por isso, hoje, cada uma possui as partidas com narrações diferentes, muitas delas gravadas posteriormente.

A Globo tem as gravações das transmissões originais feitas pelo mexicano Pedro Carbajal e pelo brasileiro Paulo Planet Buarque. Aqui vale uma explicação. O jornalista Paulo Planet Buarque marcou época nos Diários Associados e na Gazeta Esportiva, sendo ainda comentarista consagrado das rádios Panamericana (Jovem Pan) e Bandeirantes, e da TV Record. Paulo Planet também é lembrado por um incidente no mundial de 1954. Depois da derrota da seleção brasileira para a Hungria, em Berna, por 4 a 2, houve uma briga generalizada e Paulo Planet Buarque passou uma rasteira em um guarda suíço. Em 1970, o empresário mexicano Emilio Azcárraga convidou Paulo Planet Buarque para narrar a Copa pela Televisa. Ele aceitou a missão, apesar de nunca ter narrado um jogo de futebol, ainda mais em outra língua.

O acervo da Bandeirantes possui os jogos nas vozes de José Paulo de Andrade (Tchecoslováquia, Romênia, Uruguai e Itália) e de Galvão Bueno (Inglaterra e Peru). Galvão fez essas narrações em 1981 para o programa *Revendo a Copa*. Naquele mesmo ano ele iria para a Globo.

Vinheta de abertura do programa (reprodução da TV)

Já a TV Cultura tem as partidas com as narrações de Luiz Noriega e Orlando Duarte. A Cinemateca Brasileira possui trechos das narrações originais com Geraldo José de Almeida, Fernando Solera, Walter Abrahão e Oduvaldo Cozzi. A TV Cultura fez nos anos 2000 um programa especial (*Grandes Momentos do Esporte*) em que mesclou os áudios das gravações (originalmente em preto e branco) com as imagens em cores.

A seguir, a lista das 11 partidas transmitidas ao vivo pela televisão brasileira na Copa de 70 e as chamadas dos jogos que foram publicadas nos jornais:

Assista hoje à abertura oficial da Copa

com o jôgo

MÉXICO x RÚSSIA

Transmissão direta do México pelo maior "pool" nacional de televisão:
**RÊDE GLOBO DE TELEVISÃO
RÊDE DE EMISSORAS INDEPENDENTES
EMISSORAS ASSOCIADAS DE TELEVISÃO**

PATROCÍNIO DE

Esso · Gillette · Souza Cruz

31.05 – México 0 x 0 URSS – Estádio Azteca – 12 horas (Cultura, Tupi, Globo, Excelsior, Record, Gazeta e Bandeirantes)

HOJE ÀS

19,00 HORAS

PERU x BULGÁRIA

Transmissão direta do México pelo maior "pool" nacional de televisão:
**RÊDE GLOBO DE TELEVISÃO
RÊDE DE EMISSORAS INDEPENDENTES
EMISSORAS ASSOCIADAS DE TELEVISÃO**

PATROCÍNIO DE

Esso · Gillette · Souza Cruz

02.06 – Peru 3 x 2 Bulgária – León – 19 horas (Tupi, Globo, Excelsior, Record, Gazeta e Bandeirantes)

HOJE ÀS 19 HORAS

BRASIL
x
TCHECOSLOVÁQUIA

Transmissão direta do México pelo maior "pool" nacional de televisão:
**RÊDE GLOBO DE TELEVISÃO
RÊDE DE EMISSORAS INDEPENDENTES
EMISSORAS ASSOCIADAS DE TELEVISÃO**

PATROCÍNIO DE

Esso · Gillette · Souza Cruz

03.06 – Brasil 4 x 1 Tchecoslováquia – Guadalajara/Jalisco – 19 horas (Cultura, Tupi, Globo, Excelsior, Record, Gazeta e Bandeirantes)

HOJE ÀS 19 HORAS

URUGUAI
x
ITÁLIA

Transmissão direta do México pelo maior "pool" nacional de televisão:
**RÊDE GLOBO DE TELEVISÃO
RÊDE DE EMISSORAS INDEPENDENTES
EMISSORAS ASSOCIADAS DE TELEVISÃO**

PATROCÍNIO DE

Esso · Gillette · Souza Cruz

06.06 – Itália 0 x 0 Uruguai – Puebla – 19 horas (Tupi, Globo, Excelsior, Record, Gazeta e Bandeirantes)

HOJE ÀS 15 HORAS

BRASIL
X
INGLATERRA

Transmissão direta do México pelo maior "pool" nacional de televisão:
**RÊDE GLOBO DE TELEVISÃO
RÊDE DE EMISSORAS INDEPENDENTES
EMISSORAS ASSOCIADAS DE TELEVISÃO**

PATROCÍNIO DE

Esso · Gillette · Souza Cruz

07.06 – Brasil 1 x 0 Inglaterra – Guadalajara/Jalisco – 15 horas (Cultura, Tupi, Globo, Excelsior, Record, Gazeta e Bandeirantes)

HOJE ÀS 19 HORAS

BRASIL
X
ROMÊNIA

Transmissão direta do México pelo maior "pool" nacional de televisão:
**RÊDE GLOBO DE TELEVISÃO
RÊDE DE EMISSORAS INDEPENDENTES
EMISSORAS ASSOCIADAS DE TELEVISÃO**

PATROCÍNIO DE

Esso · Gillette · Souza Cruz

10.06 – Brasil 3 x 2 Romênia – Guadalajara/Jalisco – 15 horas (Cultura, Tupi, Globo, Excelsior, Record, Gazeta e Bandeirantes)

HOJE ÀS 19 HORAS

INGLATERRA
x
TCHECOSLOVÁQUIA

Transmissão direta do México pelo maior "pool" nacional de televisão:
**RÊDE GLOBO DE TELEVISÃO
RÊDE DE EMISSORAS INDEPENDENTES
EMISSORAS ASSOCIADAS DE TELEVISÃO**

PATROCÍNIO DE

Esso · Gillette · Souza Cruz

11.06 – Inglaterra 1 x 0 Tchecoslováquia – Guadalajara/Jalisco – 19 horas (Tupi, Globo, Excelsior, Record, Gazeta e Bandeirantes)

HOJE ÀS 15 HORAS

BRASIL
x
PERU

Transmissão direta do México pelo maior "pool" nacional de televisão:
**RÊDE GLOBO DE TELEVISÃO
RÊDE DE EMISSORAS INDEPENDENTES
EMISSORAS ASSOCIADAS DE TELEVISÃO**

PATROCÍNIO DE

Esso · Gillette · Souza Cruz

14.06 – Brasil 4 x 2 Peru – Guadalajara/Jalisco – 15 horas (Cultura, Tupi, Globo, Excelsior, Record, Gazeta e Bandeirantes)

HOJE ÀS 19 HORAS

BRASIL
x
URUGUAI

Transmissão direta do México pelo maior "pool" nacional de televisão:
**RÊDE GLOBO DE TELEVISÃO
RÊDE DE EMISSORAS INDEPENDENTES
EMISSORAS ASSOCIADAS DE TELEVISÃO**

PATROCÍNIO DE

Esso · Gillette · Souza Cruz

17.06 – Brasil 3 x 1 Uruguai – Guadalajara/Jalisco – 19 horas (Cultura, Tupi, Globo, Excelsior, Record, Gazeta e Bandeirantes)

HOJE ÀS 19 HORAS

ALEMANHA
x
URUGUAI

Transmissão direta do México pelo maior "pool" nacional de televisão:
**RÊDE GLOBO DE TELEVISÃO
RÊDE DE EMISSORAS INDEPENDENTES
EMISSORAS ASSOCIADAS DE TELEVISÃO**

PATROCÍNIO DE

Esso · Gillette · Souza Cruz

20.06 – Alemanha Ocidental 1 x 0 Uruguai – Azteca – 12 horas (Tupi, Globo, Excelsior, Record, Gazeta e Bandeirantes)

> **Assista hoje à finalíssima da IX Copa Jules Rimet**
>
> # BRASIL
> x
> # ITÁLIA
>
> A PARTIR DE 15 HORAS
>
> Transmissão direta do México pelo maior "pool" nacional de televisão:
> **RÊDE GLOBO DE TELEVISÃO**
> **RÊDE DE EMISSORAS INDEPENDENTES**
> **EMISSORAS ASSOCIADAS DE TELEVISÃO**
>
> PATROCÍNIO DE
> **Esso · Gillette · Souza Cruz**

21.06 – Brasil 4 x 1 Itália – Azteca – 12 horas (Cultura, Tupi, Globo, Excelsior, Record, Gazeta e Bandeirantes)

As emissoras normalmente exibiam reprises dos jogos às 23h15:

> # SINTA AQUELA EMOÇÃO!
>
> HOJE ÀS 23,15 HORAS
>
> **ALEMANHA**
> x
> **BULGÁRIA**
>
> **CANAL 13**
> **TV BANDEIRANTES**

Chamada publicada nos jornais da época
(acervo pessoal do autor)

Fernando Solera deu voz aos gols da seleção brasileira no segundo tempo da final e foi homenageado pelos colegas de emissora:

Solera, o bôca de ouro

Fernando Solera, os teus companheiros da Bandeirantes te abraçam comovidos.
Você irradiou o 1.º tempo do jôgo Brasil x Tchecoslováquia.
Nós vencemos.
Aí, quando o Brasil estava empatado no jôgo decisivo, o Brasil x Inglês, você entrou para irradiar o segundo tempo.
Nós vencemos.
Você transmitiu para nós o início e o fim.
Sabe, Solera, nós achamos que você, com sua dignidade profissional e sua tremenda sorte, ajudou um pouquinho para que a moçada trouxesse o Caneco de volta.
É desta vez para sempre.
Obrigado, companheiro!

Fique ligado no 13: vamos transmitir a recepção aos tri-campeões do mundo, a partir das 16 horas, diretamente do Rio de Janeiro.

CANAL 13 BANDEIRANTES

em colaboração com
jornal da tarde e **O ESTADO DE S. PAULO**

GILLETTE
ESSO
SOUZA CRUZ
EMBRATEL
RÊDE BRASILEIRA DE TELEVISÃO

êles merecem

90

Pelo menos um "muito obrigado" de cada um de nós. É o mínimo que podemos oferecer a quem nos está proporcionando êste grandioso espetáculo: a Copa do Mundo ao vivo. Devemos isto ao Govêrno Brasileiro, com o seu dinâmico programa de telecomunicações, através da Embratel e da Rêde Brasileira de Televisão. E também à Gillette, à Esso e à Souza Cruz, que reuniram os recursos necessários para uma operação de tal porte. Mas, acima de tudo, devemos à Propaganda que, em última análise, é realmente a fôrça propulsora de grandes empreendimentos como êste.

milhões de muito obrigados!

Chamada publicada nos jornais da época (acervo pessoal do autor)

A transmissão pelo rádio

A música ufanista de Miguel Gustavo, que virou hino da seleção, começava fazendo referência ao número de habitantes do país: "*Noventa milhões em ação, pra frente Brasil (...)*". Eram 90 milhões de brasileiros (93 milhões e 139 mil/IBGE/Censo 1970), mas, como já destacamos, o país tinha pouco mais de 4 milhões de aparelhos de televisão. Mesmo com as transmissões ao vivo pela TV, a maioria da população ainda acompanhou a Copa pelo bom e velho rádio. O Censo de 1970 indica que o aparelho estava presente em cerca de 10 milhões de domicílios. No entanto, o número era ainda maior, pois o levantamento não levava em conta os equipamentos instalados em veículos. Vale lembrar também que os rádios portáteis, cada vez menores, se proliferavam.

Para o rádio também foi formado um *pool* de transmissões, com abertura, a partir do México, de cinco canais de áudio, capazes de cobrir 80% do território nacional. Cada emissora pagou 12 mil dólares pelos direitos e mais 54 mil cruzeiros à Embratel. O sinal era liberado meia hora antes do início dos jogos e se encerrava uma hora depois do apito final do árbitro (na decisão, a transmissão teve início uma hora antes). Em dias em que os jogos começavam às 19 horas, o programa chapa branca do governo "A Voz do Brasil" se iniciava às 17 horas. Veja a divisão pelo país:

Rede 1 – Emissoras Associadas: Tupi, do Rio e de São Paulo, Guarani de Belo Horizonte e Rádio Clube de Pernambuco
Narradores: Doalcei Camargo (Tupi-RJ), Haroldo Fernandes (Tupi-SP), Jota Júnior (Guarani) e Ivã Lima (Pernambuco). Rui Porto era o comentarista.

Rede 2 – Continental, Jornal do Brasil, do Rio de Janeiro, e Vera Cruz e Guaíba, de Porto Alegre
Narradores: Clóvis Filho (Continental), Pedro Pereira (Guaíba). Comentaristas: Carlos Mendes (Continental) e Ruy Ostermann (Guaíba).

Rede 3 – Globo, Nacional, do Rio, e Gaúcha de Porto Alegre
Narradores: Waldir Amaral e Jorge Curi. Comentaristas: João Saldanha e Luiz Mendes (Globo) e Zoulo Rabelo (Nacional).

Rede 4 – Jovem Pan, Bandeirantes e Nacional (Rede da Copa)

Joseval Peixoto (Jovem Pan), Pedro Luiz (Nacional) e Fiori Gigliotti (Bandeirantes). Comentaristas: Claudio Carsughi (Jovem Pan), Mauro Pinheiro (Bandeirantes) e Mário Morais (Nacional).

Rede 5 – Mauá do Rio de Janeiro e Itatiaia de Belo Horizonte

Narradores: Orlando Batista (Mauá) e Vilibaldo Alves (Itatiaia). Comentaristas: Ademir Menezes (Mauá) e Osvaldo Faria (Itatiaia).

Chamada publicada nos jornais da época
(acervo pessoal do autor)

A existência de cinco canais para o rádio explica as diferentes narrações dos jogos da seleção. No Rio, por exemplo, Waldir Amaral e Jorge Curi brilharam nas transmissões. Já em São Paulo, um dos destaques foi Joseval

Peixoto. Aos 31 anos, coube a ele empunhar o microfone da Jovem Pan e narrar os momentos decisivos do tricampeonato. Depois da conquista, ele soltou a voz: "*Essa deusa de ouro de braços erguidos. Essa deusa tão jovem, com velhas histórias, erguida para o alto, para o céu do Brasil*". A deusa de ouro era a taça *Jules Rimet*.

Joseval Peixoto conta que tinha de dividir o tempo das transmissões com Pedro Luiz e Fiori Gigliotti: *"Nós éramos muito amigos, e separamos assim: um abria e fechava a transmissão, um narrava o primeiro tempo e outro o segundo, e assim iríamos revezando"*, conta.

Antes da final contra a Itália, a grande pergunta era: quem iria narrar o segundo tempo? Foi feito um sorteio e Joseval levou a melhor: *"Eu tive a vantagem de receber o jogo quando o placar estava empatado por 1 a 1"*, relembra. Joseval rememora a conquista da Copa em pleno regime militar: *"O Brasil vivia um período de militarismo durante a disputa da Copa de 1970, e o governo tomou conta da seleção, com os jogadores 'enclausurados' em um castelo medieval no México, e as entrevistas eram permitidas apenas uma vez por semana. A Jovem Pan, porém, contou mais uma vez com uma dose de sorte. O repórter Geraldo Blota era amigo de Rivellino, e usou a aproximação e a criatividade para conseguir materiais exclusivos da seleção. Tinha acabado de ser lançado o gravador a pilha, e o GB [como Geraldo Blota era chamado pelos companheiros] entregava o aparelho para o Rivellino com as fitas, e ele entrevistava os jogadores na concentração e devolvia para a gente o material"*.

O gol de Carlos Alberto foi narrado assim por Joseval Peixoto: *"Clodô finta o primeiro italiano, vai descendo, finta mais um, olha o passeio de Clodoaldo, outra finta de Clodô! Entrega para Rivellino, domina o astro do Parque, levanta a bola para Jair, pela esquerda, atenção, desceu Jair, bateu a Fachetti, rolou para Pelé, atenção Pelé para Carlos Alberto livre, olha bola tocou é gol! Goooooooooooolaço. Carlos Alberto, Rivellino, Jair, Pelé, Carlos Alberto. Aumenta o placar. O placar transborda, o placar de 4 a 1! Borbulhante alegria ver o Brasil florido, o Brasil colorido, 4 a 1, no placar"*.

Outra obra-prima de Joseval é a narração do gol de empate do Brasil diante do Uruguai, na semifinal: *"Tostão cruzou para Clodô, atirou gol. Gooo-laço! Clodoaldo! Empatada a partida. (...) Serenidade, tranquilidade. Capacidade não falta, consciência não falta, gabarito não falta. Não haverá Maracanã, torcedor do Brasil. Aqui é uma outra história, uma outra geração, um outro povo, uma outra gente. Novos astros, Pelé, o Rei; Rivellino, a grandeza. Empatada a partida".*

Nascido em 1938, Joseval Peixoto considera consagrador o trabalho feito por ele na Copa de 70: "*Em 50 eu era menino, interno em um colégio presbiteriano onde nem se falava de futebol. Vim a saber da grande derrota brasileira [na Copa de 1950, contra o Uruguai] tempos depois. E coube a mim, 20 anos depois, narrar a final da Copa. Foi a realização máxima como narrador esportivo, sem dúvida*", destaca, com emoção.

Momentos marcantes das narrações

Ouvir novamente as narrações do rádio em 1970 é uma maneira de viajar no tempo e de ter contato com detalhes que nem sempre foram destaque na imprensa escrita da época. Waldir Amaral, da Globo do Rio de Janeiro, durante a transmissão da final da Copa, lembrava aos ouvintes que, em caso de empate, haveria prorrogação de trinta minutos. Se o placar continuasse igual, seria disputado um jogo desempate na terça-feira, dia 23 de junho. O regulamento da Copa do Mundo ainda não previa decisão por pênaltis. Outra informação interessante é que o goleiro Félix usou luvas na final da Copa, ao contrário das cinco partidas anteriores.

As narrações trazem pérolas como, por exemplo, uma tabelinha entre dois grandes nomes da história do rádio. Joseval Peixoto abriu a transmissão da partida contra a Inglaterra e passou a bola para Pedro Luiz, que iria narrar o primeiro tempo:

> Joseval: "*Eu, torcedor do Brasil, tenho o grande orgulho, que vou carregar sempre comigo, de apresentar para a 'Rede da Copa', para Bandeirantes, Pan e Nacional, o mestre dos locutores esportivos do Brasil. Aquele que iniciou a grande jornada, que depois se transformou num patrimônio nosso: Pedro Luiz, em quem sempre buscamos nos espelhar, em quem sempre buscamos aprender. Pela sua grande qualidade de profissional e pelo seu tremendo entusiasmo (...)*".

> Pedro Luiz: "*(...) Eu sinto-me na obrigação de revelar aos senhores a grande emoção que vivo como profissional, de muitos anos e de muita experiência. Ao encontrar, um espírito de equipe simplesmente excepcional (...). Esse excepcional jovem, esplêndido profissional, Joseval Peixoto, que vai até o sacrifício profissional, se necessário for, para que se salve o trabalho de equipe da 'Rede da Copa' (...)*".

A amizade entre Joseval e Pedro Luiz Paoliello, dezenove anos mais velho, ia além dos microfones. Pedro Luiz foi padrinho de casamento do colega de profissão.

Já Fiori Gigliotti, outro baluarte da narração esportiva, citava no ar o local onde ele e os colegas estavam hospedados: *"Nós da Bandeirantes de São Paulo e da Jovem Pan, Mário Moraes, Marco Antonio, Juarez Soares, da Nacional, estamos hospedados nas Suítes Maria Cristina, em Guadalajara (...). Pedro Luiz está hospedado nas Suítes Camino Real"*.

Durante as transmissões, os narradores e comentaristas não perdoavam os árbitros pelos erros cometidos. O estridente Mário Vianna, ex-juiz de futebol e comentarista de arbitragem da rádio Globo, soltou a voz ao criticar a atuação do alemão Rudi Glöckner na final da Copa: *"Ratazana, ratazana!"*. Já Fiori Gigliotti atacou o árbitro espanhol que atuou na semifinal contra o Uruguai: *"Esse espanhol é um vigarista. Mas, contudo, venceremos, torcida brasileira"*.

Ainda no jogo contra o Uruguai, o clima de rivalidade esquentou nas cabines de transmissão, conforme relato do próprio Fiori nos microfones: *"Confesso que estou meio louco da vida. Estávamos envolvidos entre alguns uruguaios que se infiltraram aqui na cabine de rádio, xingando toda a raça brasileira e a gente não pode admitir essas coisas de jeito nenhum. E depois, não é gente de rádio, não é gente de jornal. Nós viemos aqui para trabalhar positivamente e não poderíamos de forma nenhuma ouvir tanta asneira, tanta imbecilidade"*. Fiori Gigliotti mencionava invasão de torcedores nas cabines, mas houve também provocações entre jornalistas brasileiros e uruguaios. Leônidas da Silva, um dos maiores craques da história do futebol nacional e que comentava a Copa pela TV, partiu para as vias de fato.

Para ouvir as transmissões feitas pelo rádio na Copa de 1970, entre na plataforma *Spotify* (www.spotify.com) e busque o podcast *"Vozes do Tri"*. Se preferir, baixe um leitor de *QR code* no seu celular e faça a leitura do código a seguir:

Rêde da Copa: onze homens e um destino.

Bandeirantes, Jovem Pan e Nacional de São Paulo.

Fiori Gigliotti, Flávio Araújo, Joseval Peixoto, Pedro Luiz, locutores; Carlos Aimar, Cláudio Carsughi, Mário Moraes, Mauro Pinheiro, comentaristas; Geraldo Blota, Juarez Soares, Roberto Silva, repórteres de campo.

Está formada a Rêde da Copa. Através dela vocês ouvirão os melhores profissionais do rádio esportivo, transmitindo diretamente do México, lance por lance, gol por gol, emoção por emoção.

Agora contem os nomes: são onze. Que seleção, hein?

Os destinos de 90 milhões de brasileiros estarão suspensos até o momento em que êles gritem, berrem chorando, BRASIL TRICAMPEÃO!

A RÊDE DA COPA COMEÇA HOJE. OUÇAM DIRETAMENTE DE MANAUS, A PARTIR DAS 15 HORAS, OS DOIS JOGOS DA SELEÇÃO BRASILEIRA.

BANDEIRANTES JOVEM PAN NACIONAL S.P.

"Com êsse futebol, o Brasil não passa das eliminatórias".
"Com essa defesa, o Brasil não passa das oitavas de finais".
"Pelé está decadente.
Só joga porque ninguém tem coragem de barrá-lo".
"Tostão não se recupera mais".
"Jairzinho não é o ponta ideal".
"Gerson só chuta com a esquerda".
"Brasileiro só come feijão".
Isso era o que vocês diziam antes de perder a Copa.
Não é Inglaterra, Tchecoslováquia, Romênia, Peru, Uruguai?
Olha, o Caneco está quase aqui. São coisas do destino.

HOJE ÀS 2 DA TARDE A DECISÃO:

BRASIL x ITÁLIA

Prestígio Comercial de
Caixa Econômica do Estado de São Paulo
Prefeitura Municipal de São Paulo
General Motors – ABC Rádio e Televisão

BANDEIRANTES JOVEM PAN NACIONAL
Colaboração com Jornal da Tarde e O Estado de São Paulo

Chamadas publicadas nos jornais da época
(acervo pessoal do autor)

Chamada publicada nos jornais da época
(acervo pessoal do autor)

Vamos gritar gooool até ficarmos roucos.
E vamos fazer um carnaval cada vez que o Brasil ganhe.
Ainda faltam alguns jogos.
Até o último é dever de todo o brasileiro torcer, se afligir, ranger os dentes, colado ao rádio.
Ouçam o nosso pessoal botar os outros times na roda.
Ouçam pela Rêde da Copa, na voz dêstes caras aqui:

Fiori Gigliotí, Flávio Araújo, Mauro Pinheiro e Roberto Silva.
Joseval Peixoto, Cláudio Carsughi e Geraldo Blota.
Pedro Luiz, Mário Moraes, Juarez Soares e Marco Antônio.

AH, O GÔSTO BOM DA VITÓRIA!

HOJE ÀS 18,45 HORAS
BRASIL x URUGUAI

Colaboração com **jornal da tarde** e **O ESTADO DE S. PAULO**

BANDEIRANTES - JOVEM PAN - NACIONAL

Prestígio Comercial de:
Caixa Econômica do Estado de São Paulo
Prefeitura Municipal de São Paulo
General Motors
ABC Rádio e Televisão

FOTO MANCHETE

Chamada publicada nos jornais da época
(acervo pessoal do autor)

EWE
ADQUIERA SU CASA EN EL
FRACCIONAMIENTO
LAS Reynas
EL HERALDO
DE IRAPUATO
1ª EN INFORMACION.
FIESTA
GRUPO ACE
brasil

11

As feras de Zagallo

A imprensa registrava que a seleção brasileira tinha saído do país humilhada e desacreditada, mas retornou com o desempenho mais fantástico já obtido por uma equipe em uma Copa. Eram 22 jogadores que se empenharam, dentro e fora do campo, e permaneceram unidos durante todo o período de preparação, já no México, e ao longo da competição.

Não existe qualquer registro ou menção sobre estrelismo, desentendimento ou clima ruim entre os atletas que conquistaram o tricampeonato mundial de futebol. A seguir, um breve currículo de cada um:

Félix Miélli Venerando (24.12.1937 – 24.08.2012) – camisa 01
O goleiro brasileiro era o jogador mais velho daquela seleção. Aos 32 anos, 1,78 m de altura, 68 quilos, ele teve de brigar pela posição com Ado. Contestado e muitas vezes execrado pela imprensa, Félix fechou o gol brasileiro no duelo contra a Inglaterra e também fez uma defesa milagrosa diante do Uruguai. Apesar da dificuldade nas bolas aéreas, o camisa 1 da seleção tinha o respeito dos companheiros. Começou a carreira na Portuguesa de Desportos e depois foi jogar no Fluminense, em 1968. Era natural da capital paulista.

Carlos Alberto Torres (17.07.1944 – 25.10.2016) – camisa 04
O capitão do time brasileiro gostava de colocar ordem na casa. Foi assim na partida contra a Inglaterra. Era realmente um líder e tinha

25 anos quando foi tricampeão. Defendeu e atacou. Surgiu em 1963 nos juvenis do Fluminense. Na época da Copa, já estava no Santos. Aliás, não usava o número 2 na camisa, como qualquer lateral direito, mas sim o 4, pois era como jogava no time paulista. Depois do gol que marcou na final contra a Itália, saiu abraçado com Pelé. A amizade dos dois ia além dos gramados. Carlos Alberto recebeu a braçadeira de capitão da seleção brasileira, pela primeira vez, em 1968, em um jogo que marcava a despedida do lateral Djalma Santos. No início de 1970, o técnico João Saldanha resolveu colocar Piazza como capitão por causa do conhecimento dele em outras línguas. O treinador achava que isso poderia facilitar o diálogo com adversários e árbitros. No entanto, em março de 1970, Piazza sofreu uma contusão e ficou de fora de jogos amistosos. A ausência de Piazza coincidiu com a escolha de Zagallo para comandar a seleção brasileira e Carlos Alberto Torres voltou a receber a braçadeira de capitão. Natural do Rio de Janeiro, morreu em 2016 ao sofrer uma parada cardiorrespiratória.

Hércules Brito Ruas (09.08.1939) – camisa 02
O carioca Brito foi o jogador melhor preparado fisicamente da Copa e, segundo a imprensa, a constatação foi feita pelo Instituto de Fisiologia Humana de Milão. Era duro com os adversários e também não levava desaforo para casa. Inúmeras vezes, dava broncas nos companheiros. Félix, por exemplo, ouviu muitas reprimendas de Brito, mas era para o bem da seleção. Começou a carreira no Vasco e depois foi para o Flamengo. Brito começou a Copa com barba, mas ele prometeu raspá-la, assim que o Brasil passasse às quartas de final.

Wilson da Silva Piazza (25.02.1943) – camisa 03
Piazza era jogador de meio de campo, mas seu futebol tinha a marca da versatilidade. Zagallo o considerava um coringa e deu a ele a missão de fazer dupla com Brito na zaga e, claro, desempenhou um papel brilhante. Nascido em Minas Gerais, é um dos maiores nomes da história do Cruzeiro.

Everaldo Marques da Silva (11.09.1944 – 27.10.1974) – camisa 16

Antes da Copa, ele seria reserva de Marco Antônio, mas o titular se machucou, o que abriu as portas para Everaldo, único gaúcho da seleção de 1970. Lateral esquerdo, era um marcador incansável e muito bem preparado fisicamente. Fez história no Grêmio e recebeu do clube a famosa "estrela dourada". O jogador era o queridinho do presidente da República, por ser natural do Rio Grande do Sul, como Médici. Antes da Copa, em um encontro com os jogadores, o presidente apresentou Everaldo à primeira dama: "*Ele vai representar o nosso Grêmio*". Já o lateral da seleção festejava: "*O presidente é meu fã. Torce pelo Grêmio e até já anda perguntando sobre o meu estado de saúde. Assim dá gosto a gente estar na seleção, pois, além de estarmos jogando certinho e ganhando de todo mundo, ainda o presidente da República pergunta sempre como vai o time e até se lembra de um pobre jogador como eu. Estou realmente emocionado*". Everaldo morreu precocemente em um acidente de carro em uma estrada gaúcha, em 1974.

Clodoaldo Tavares Santana (26.09.1949) – camisa 05

O sergipano Clodoaldo ou "Corró" fez uma dupla imbatível com Gérson no meio de campo do Brasil. Com apenas 20 anos, o camisa 5 mostrou personalidade e foi o autor do gol que deu tranquilidade à seleção no duelo histórico contra o Uruguai. Jogou anos com Pelé no Santos e, por contusão, acabou ficando de fora do mundial seguinte, em 1974.

Gérson de Oliveira Nunes (11.01.1941) – camisa 08

Nascido em Niterói, no Rio de Janeiro, foi um dos jogadores mais brilhantes da história do futebol mundial. Via o jogo como ninguém e distribuía a bola com maestria. Convocado para a Copa de 1966, os críticos diziam que ele tinha ingerido pasta de dente para passar mal de propósito e não entrar em campo contra Portugal. Pura bobagem! Em 1970, Gérson deu a volta por cima, brilhou na seleção e fez um gol magistral na finalíssima. Jogou no Flamengo, no Botafogo, no São Paulo e no Fluminense. Os colegas o chamavam carinhosamente de "papagaio", por falar muito. Gérson continuou falando muito em uma longa carreira como comentarista. Em meados dos anos 70, fez um comercial para os cigarros *Vila Rica*: "*Gosto de levar vantagem em tudo, certo?*". Ele ficou marcado por essa frase, que virou símbolo do "jeitinho" brasileiro. Estava criada a "lei de Gérson".

Jair Ventura Filho (25.12.1944) – camisa 07

Quando se diz que Jairzinho fez uma Copa atuando como Pelé, não é exagero. O único atleta a marcar gols em todos os jogos de um mesmo mundial surpreendeu o planeta com um futebol ágil, movimentado e corajoso. Ganhou apelidos durante a Copa: "o homem tempestade" e "furacão", o mais conhecido. Natural de Caxias, no Rio de Janeiro, marcou época no Botafogo e sempre recusava qualquer comparação com Garrincha, lateral direito nas conquistas de 1958 e 1962.

Eduardo Gonçalves de Andrade (Tostão) (25.01.1947) – camisa 09

Tostão, um dos ícones da história do Cruzeiro, jogou a Copa praticamente sem a bola, orientando e abrindo os espaços no campo para os companheiros. "*Foi um pequeno batalhador sem armas que enfrentou um exército preparado até para quebrar um osso do adversário*", como o classificava a revista *Veja*. Além de enfrentar os adversários, o "mineirinho de ouro", como era chamado por Geraldo José de Almeida, travou uma batalha pessoal para conseguir jogar o mundial, depois de sofrer um descolamento da retina, em 1969. Durante a Copa, ele pedia à comissão técnica para que pudesse ler os jornais: "*Eu preciso saber de tudo, pois ainda pretendo fazer meus vestibulares para Economia*". O problema no olho não o impediu de jogar o mundial, mas o obrigou a encerrar a carreira precocemente. Tostão se recolheu, virou médico, não economista, e hoje, com uma inteligência ímpar, é um dos maiores analistas de futebol do país. Além do Cruzeiro, Tostão atuou pelo Vasco da Gama.

Édson Arantes do Nascimento (Pelé) (23.10.1940) – camisa 10

Pelé já era Rei em 1970, mas a conquista da terceira Copa foi o coroamento definitivo do atleta do século 20. O eterno camisa 10 da seleção e do Santos escreveu mais um capítulo vitorioso naquele ano e também entrou para história pelos gols que não marcou: contra Tchecoslováquia, Inglaterra e Uruguai. Em 1971, Pelé encerrou a carreira na seleção e não jogou a Copa de 1974, na Alemanha. Fez falta! Nascido em Três Corações, Minas Gerais, era filho de Dondinho, bom jogador de futebol que ensinou a arte para o filho. Ainda nos anos 40, a família foi para Bauru, interior de São Paulo. Pelé começou a se destacar nos campinhos de várzea e passou a atuar pelo juvenil do BAC, Bauru Atlético Clube. Levado para o Santos pelo grande atacante do passado Waldemar de Brito, Pelé explodiu no Santos, foi para a Copa de 1958, na Suécia, marcou 6 gols e encantou o mundo. Em 1962, no Chile, se machucou no segundo jogo da seleção, contra os tchecos, e não mais entrou em campo. Em 1966, na Inglaterra, naufragou com a equipe brasileira, mas em 1970 foi tricampeão. Depois de encerrar a carreira no Santos, em 1974, Pelé ainda vestiu a camisa do Cosmos, de Nova Iorque, e ajudou a popularizar o futebol nos Estados Unidos.

Roberto Rivellino (1º.01.1946) – camisa 11

"*Olha lá o tijolo quente*", dizia Fernando Solera sobre o chute potente de Rivellino. Natural de São Paulo, Riva começou na Portuguesa, mas virou o "reizinho do Parque São Jorge". Depois do Corinthians, foi para o Fluminense e mostrou todo o talento no Rio de Janeiro. Foi dele o primeiro gol da seleção na Copa: a "patada atômica" abriu caminho para a campanha vitoriosa. Jogou ainda os mundiais de 1974 e 1978.

Eduardo Roberto Stinghen (Ado) (04.07.1946) – camisa 12

O goleiro Ado sempre foi uma sombra para Félix e, em muitos momentos, ameaçou o titular. Nascido em Jaraguá do Sul, Santa Catarina, atuou pelo Londrina, mas ficou conhecido por defender as cores do Corinthians. Durante a Copa, não perdia a chance de se levantar do banco de reservas e comemorar os gols da seleção na beira do gramado.

Émerson Leão (11.07.1949) – camisa 22

O goleiro Leão era muito jovem em 1970, mas já estava entre os principais goleiros do país. Cortado, mas depois reconvocado, o jogador, nascido em Ribeirão Preto, interior paulista, foi para o México e ganhou experiência. O atleta do Palmeiras seria o titular da seleção nas duas Copas seguintes. Jogou ainda no Vasco, no Grêmio, no Corinthians e no Sport, de Recife. Leão tem uma longa carreira de treinador, comandou os principais clubes brasileiros e a própria seleção.

José Maria Rodrigues Alves (18.05.1949) – camisa 21

Zé Maria ainda estava na Portuguesa quando foi para a Copa. O lateral direito, natural de Botucatu, fez história no Corinthians. Reserva de Carlos Alberto Torres, o camisa 21 não entrou em campo, mas no mundial de 74 foi titular da posição.

José Guilherme Baldocchi (14.03.1946) – camisa 14

Nascido em Batatais, o zagueiro Baldocchi atuou pelo Botafogo de Ribeirão Preto, Palmeiras, Corinthians e Fortaleza. Não entrou em campo durante a Copa.

José de Anchieta Fontana (31.12.1940 – 09.09.1980) – camisa 15

Natural do Espírito Santo, Fontana tinha fama de nervoso, tanto é que morreu de ataque cardíaco, durante uma pelada com amigos. O zagueiro entrou em campo contra a Romênia, mas teve atuação criticada pela imprensa. Foi destaque no Vasco e no Cruzeiro.

Joel Camargo (18.09.1946 – 23.05.2014) – camisa 17

O santista Joel brilhou nas eliminatórias pelas mãos do técnico João Saldanha, mas, sob o comando de Zagallo, ficou na reserva durante a Copa. Atuou pelo Santos, teve uma breve passagem pelo PSG, da França, e encerrou a carreira pelo CRB, de Alagoas.

Marco Antônio Feliciano (06.02.1951) – camisa 06

O lateral esquerdo Marco Antônio nasceu em Santos e jogou pela Portuguesa Santista, Fluminense, Vasco, Bangu e Botafogo. Ele seria o titular da lateral esquerda, mas teve um estiramento na virilha em um treino às vésperas da estreia. Zagallo teve de escalar Everaldo, que acabou ganhando a posição. Marco Antônio entrou ao longo da partida contra a Romênia e jogou os 90 minutos do duelo contra o Peru. Era o jogador mais novo da seleção, com 19 anos.

Paulo Cézar Lima (16.06.1949) – camisa 18

O carioca Paulo Cézar Lima ganhou apelido de "caju" após pintar o cabelo. Considerado *"bad boy"*, atuou por grandes clubes: Botafogo, Flamengo, Vasco, Grêmio, Corinthians e, na França, vestiu a camisa do Olympique de Marseille. Paulo Cézar foi o reserva da seleção mais acionado naquela Copa. Fez uma belíssima partida diante da Inglaterra, quando o Brasil não contou com Gérson. Na preparação para a Copa, foi vaiado pela torcida de São Paulo, que não o queria na seleção. Mas Zagallo estava certo ao escalá-lo para recompor o time no caso das ausências de Gérson e de Rivellino. Para a imprensa, Paulo Cézar disparou: *"Graças a Deus consegui provar que não sou um inútil na seleção"*.

Roberto Lopes Miranda (31.07.1943) – camisa 13

Roberto Miranda entrou bem na seleção quando Zagallo precisou dele. Nascido em São Gonçalo, no Rio de Janeiro, teve grande destaque no Botafogo, sendo o nono maior artilheiro do clube (154 gols). Atuou ainda com as camisas do Flamengo e do Corinthians. Depois da Copa, Roberto Miranda chegou a romper o tendão de Aquiles, mas se recuperou. No entanto, as constantes contusões o obrigaram a encerrar a carreira.

Jonas Eduardo Américo (Edu) (06.08.1949) – camisa 19

O ponta esquerda Edu também foi uma das "feras de Saldanha". Titular nas eliminatórias, ficou na reserva durante a Copa e só entrou no segundo tempo da partida contra a Romênia. Habilidoso, foi ídolo no Santos e cruzou inúmeras bolas para Pelé balançar as redes. Jogou ainda no Corinthians, no Internacional-RS e, no exterior, atuou no México e nos Estados Unidos. Nasceu em Jaú, interior de São Paulo.

Dario José dos Santos (Dadá Maravilha) (04.03.1946) – camisa 20
Dario ou Dadá Maravilha, um dos jogadores mais folclóricos da história do futebol brasileiro, é o quarto maior artilheiro do esporte nacional, com 926 gols. Nasceu no Rio de Janeiro, mas foi um grande peregrino ao atuar por, ao menos, 20 clubes. Na época da Copa de 70, estava no Atlético-MG e o nome dele acabou envolvido na polêmica entre João Saldanha e o presidente Emílio Médici. Dadá ficou no banco de reservas no jogo contra a Romênia, mas não foi acionado. Depois de encerrar a carreira, tentou ser treinador. Gosta de dizer que maior do que ele só Pelé e que apenas três coisas param no ar: beija-flor, helicóptero e Dadá!

Mário Jorge Lobo Zagallo (09.08.1931)
Zagallo é o homem mais vitorioso da história do futebol mundial, o único a ganhar quatro Copas: foram duas como jogador (1958 e 1962), uma como técnico, em 1970, e outra como coordenador, em 1994. Como atleta, atuou por América-RJ, Flamengo e Botafogo. Natural de Atalaia, Alagoas, Zagallo teve destaque no comando do próprio Botafogo, além de Flamengo, Fluminense e Vasco. Fora do país, trabalhou na Arábia Saudita e nos Emirados Árabes. Ele comandou ainda a seleção nas Copas de 1974 e de 1998. Em 2006, ao lado de Parreira, foi novamente coordenador técnico no mundial disputado na Alemanha. Em 1997, conquistou a Copa América, na Bolívia, quando a seleção ganhou o título sul-americano fora do país pela primeira vez. Depois da vitória diante da equipe da casa, na decisão, soltou a famosa frase: "*vocês vão ter que me engolir*". Sempre muito criticado, Zagallo era supersticioso. Em 2004, quando o Brasil ganhou a Copa América, disparou nos microfones: "*Brasil campeão tem 13 letras, Argentina vice, também tem 13*". Em 1970, assumiu a seleção faltando 78 dias para a estreia contra a Tchecoslováquia.

Zagallo na concentração, no México
(*Última Hora*/Arquivo Público do Estado de São Paulo)

Cartaz oficial da Copa de 1970 (FIFA)

Resultados, classificação e curiosidades da Copa de 70

Copa do Mundo de 1970 – México – de 31 de maio a 21 de junho

Grupo 1 – Cidade do México	Grupo 2
31.05 México 0 x 0 URSS	02.06 Uruguai 2 x 0 Israel – **Puebla**
03.06 Bélgica 3 x 0 El Salvador	03.06 Itália 1 x 0 Suécia – **Toluca**
06.06 URSS 4 x 1 Bélgica	06.06 Uruguai 0 x 0 Itália – **Puebla**
07.06 México 4 x 0 El Salvador	07.06 Suécia 1 x 1 Israel – **Toluca**
10.06 URSS 2 x 0 El Salvador	10.06 Suécia 1 x 0 Uruguai – **Puebla**
11.06 México 1 x 0 Bélgica	11.06 Itália 0 x 0 Israel – **Toluca**
Grupo 3 – Guadalajara	**Grupo 4 – León**
02.06 Inglaterra 1 x 0 Romênia	02.06 Peru 3 x 2 Bulgária
03.06 Brasil 4 x 1 Tchecoslováquia	03.06 Alemanha 2 x 1 Marrocos
06.06 Romênia 2 x 1 Tchecoslováquia	06.06 Peru 3 x 0 Marrocos
07.06 Brasil 1 x 0 Inglaterra	07.06 Alemanha 5 x 2 Bulgária
10.06 Brasil 3 x 2 Romênia	10.06 Alemanha 3 x 1 Peru
11.06 Inglaterra 1 x 0 Tchecoslováquia	11.06 Bulgária 1 x 1 Marrocos
Quartas	**Semifinal**
14.06 Uruguai 1 x 0 URSS – **Azteca**	17.06 Brasil 3 x 1 Uruguai – **Jalisco**
14.06 Itália 4 x 1 México – **Toluca**	17.06 Itália 4 x 3 Alemanha – **Azteca**
14.06 Alemanha 3 x 2 Inglaterra – **León**	**3º lugar**
14.06 Brasil 4 x 2 Peru – **Jalisco**	20.06 Alemanha 1 x 0 Uruguai – **Azteca**
Final	
21.06 Brasil 4 x 1 Itália – **Azteca**	

CLASSIFICAÇÃO FINAL								
	Seleção	Jogos	Vitórias	Empates	Derrotas	Gols-Pró	Sofridos	Saldo	Pontos*
1º	Brasil	6	6	0	0	19	7	12	12
2º	Itália	6	3	2	1	10	8	2	8
3º	Alemanha	6	5	0	1	17	10	7	10
4º	Uruguai	6	2	1	3	4	5	-1	5
5º	URSS	4	2	1	1	6	2	4	5
6º	México	4	2	1	1	6	4	2	5
7º	Peru	4	2	0	2	9	9	0	4
8º	Inglaterra	4	2	0	2	4	4	0	4
9º	Suécia	3	1	1	1	2	2	0	3
10º	Romênia	3	1	0	2	4	5	-1	2
11º	Bélgica	3	1	0	2	4	5	-1	2
12º	Israel	3	0	2	1	1	3	-2	2
13º	Bulgária	3	0	1	2	5	9	-4	1
14º	Marrocos	3	0	1	2	2	6	-4	1
15º	Tchecos-lováquia	3	0	0	3	2	7	-5	0
16º	El Salvador	3	0	0	3	0	9	-9	0

* Cada vitória valia dois pontos.

Gols: 95, média 2,97 por jogo, melhor resultado do que o de 1966: 2,78
Artilheiro: Gerd Müller (10 gols)
Vice-artilheiro: Jairzinho (7 gols)

As três camisas de Pelé

Em 2002, surgiu uma polêmica em torno do uniforme usado pelo Rei na decisão da Copa. A casa de leilões britânica Christie's anunciou que venderia a 10 que Pelé vestiu no jogo contra a Itália. Marcelo Chirol, filho do preparador físico da seleção, Admildo Chirol, anunciou, no entanto, que a verdadeira camisa estava com ele. Mas o mistério foi desfeito: a camisa leiloada foi a obtida pelo jogador italiano Rosato depois do jogo. Quem revê a partida observa que Rosato corre na direção de Pelé assim que o árbitro encerra o duelo. Admildo Chirol ficou com a camisa usada por Pelé no primeiro tempo e o técnico Zagallo guardou o uniforme que o Rei usou na cerimônia de entrega da taça. Ou seja, Pelé usou três camisas na final da Copa de 1970.

As outras camisas de Pelé

Uma das imagens que simbolizam a esportividade na Copa de 1970 é a da troca de camisas entre Pelé e Bobby Moore no final do duelo entre Brasil e Inglaterra. Na autobiografia, o Rei do futebol conta uma história interessante: "*Nós trocamos camisas como lembranças. Durante o jogo, ladrões arrombaram meu quarto [no hotel em Guadalajara] e levaram as camisas 10 que eu guardara para usar na Copa. Chegamos até a considerar pedir a Bobby para devolver a que eu havia lhe dado, para que eu tivesse uma para vestir contra a Romênia. Ao final não precisamos fazer isso, embora as camisas roubadas nunca tenham sido achadas*". Já a manchete principal do jornal O Globo do dia seguinte à vitória brasileira era: "*Bobby Moore enxugou as lágrimas na camisa 10 do 'Rei' Pelé*".

Por falar em camisa...

A seleção brasileira usou a tradicional camisa amarela e calções azuis nas seis partidas que disputou na Copa. Mas, para enfrentar o calor mexicano, a camisa utilizada, ao contrário de 1966, não seria mais polo com gola em "V". O objetivo era impedir o acúmulo de suor no colarinho. Cada jogador usou camisa com gola careca, sob medida.

O mundo é uma bola

A bola que foi usada na Copa de 1970 virou sinônimo de "bola de futebol", por mais redundante que isso possa parecer. A FIFA escolheu a Adidas como fornecedora oficial do material esportivo. A empresa se inspirou no designer norte-americano Buckminster Fuller para desenvolver a bola utilizada no mundial daquele ano. A Adidas adotou cúpulas geodésicas para obter a melhor circunferência possível, com 32 gomos. Os pentágonos foram pintados de preto e os hexágonos de branco, justamente para facilitar a visualização nas transmissões da TV, principalmente no caso dos televisores que não captavam as cores. Pela primeira vez, a bola de uma Copa recebeu nome: *Telstar*, uma referência à semelhança com o satélite, homônimo, responsável pela transmissão dos jogos para a Europa. Esse *design*, com gomos pretos e brancos, talvez o mais conhecido em todo mundo, se repetiu na Copa disputada na Alemanha, em 1974. Mas, curiosamente, nos jogos Alemanha x Bulgária, México x El Salvador e Alemanha x Inglaterra foi utilizada uma bola marrom clara. Já no primeiro tempo (tempo normal) de Itália x Alemanha, pelas semifinais, se utilizou uma bola inteira branca, sem os gomos pretos.

Time nota 10

Do meio para frente, todos os jogadores da seleção de 70 vestiam a camisa 10 em seus clubes. Isso é verdade, mas não necessariamente a função que cada um desempenhava era de um autêntico camisa 10. Gérson era o 10 do São Paulo; Jairzinho, o 10 do Botafogo. Tostão vestia a 10 do Cruzeiro; Rivellino ficou conhecido como o "reizinho do Parque São Jorge" e Pelé, claro, eternizou a camisa 10 do Santos e da seleção.

Futebol x sequestro

Em 15 de junho de 1970, os jornais brasileiros destacavam a vitória da seleção diante do Peru, no dia anterior, mas as manchetes sobre a Copa disputavam espaço com outra notícia: a negociação entre o governo brasileiro, a Argélia e os responsáveis pelo sequestro do embaixador alemão Ehrenfried von Holleben. Em 11 de junho, o veículo dele foi interceptado em Santa Teresa, no Rio de Janeiro. Já os jornais do dia 15 informavam que o governo da Argélia confirmava a concessão de asilo aos 40 presos exigidos para a libertação do embaixador. Von Holleben foi a terceira vítima de sequestro no período, de um total de quatro ações contra embaixadores, promovidas pelos opositores do regime. O objetivo era chamar a atenção internacional para as torturas praticadas contra os presos políticos no Brasil. O primeiro, o caso mais célebre, relatado no livro e no filme *O que é isso companheiro*, foi o do embaixador americano Charles Elbrick, em setembro de 1969. O segundo, o do cônsul japonês Nobuo Okushi, ocorreu em São Paulo, em 11 de março de 1970. Em dezembro, houve o caso do embaixador da Suíça, Giovanni Enrico Bucher.

Israelenses amadores

De acordo com a revista *Placar* de 12 de junho de 1970, a seleção mais amadora da Copa era Israel: "*Dois motoristas, um agente comercial, um eletricista, um mecânico, um representante, um agente de publicidade, um negociante, um estudante, um contador e um cortador de diamantes formam a seleção de Israel para a Copa do Mundo. Todos eles são amadores verdadeiros e a classificação para a Copa foi uma verdadeira surpresa. Eles jogam duro, usam muito os ombros e são bastante agressivos*". A seleção israelense não passou da fase de grupos, é verdade, mas conseguiu arrancar um empate sem gols com a Itália. Antes, a equipe já tinha comemorado o resultado de 1 a 1 diante da Suécia.

Jornalistas na Copa

Cerca de 1.600 jornalistas desembarcaram no México para a cobertura da Copa de 1970. Os dois países que mais enviaram profissionais foram Brasil e Inglaterra: 160 cada. Já um locutor da Rádio Belgrano, de Buenos Aires, fez a transmissão do duelo entre Brasil e Tchecoslováquia e ficou impressionado com os gols da seleção canarinho. Ao mencionar o gol de Pelé: "*Ele é o único jogador que eu conheço que tem um pé no peito. Seu gol foi uma poesia na matada da bola. Nunca gritei tanto*". O locutor também tinha uma visão peculiar sobre o segundo gol de Jairzinho na partida: "*Aquele é para a gente ter em casa, em filme. De manhã, a gente acorda, projeta o lance uma vez, assiste com maior atenção e fica feliz o resto do dia. Nunca mais esqueço aquele gol*".

Irmãos Moreira

O técnico Aymoré Moreira, campeão com a seleção brasileira em 1962, foi ao México para trabalhar como "espião" da CBD. O irmão dele, Zezé, que treinou o Brasil em 1954, também estava lá. Os dois analisaram o lance em que Pelé surpreendeu o goleiro Victor, da Tchecoslováquia, com chute da intermediária do Brasil. Aymoré disse: "*Pelé raciocinou dez segundos mais depressa do que os 50.000 torcedores. Só depois que ele chutou é que o goleiro tcheco notou que estava fora do gol*". O irmão Zezé opinou: "*Se o Pelé marcasse, aquele gol se transformaria na marca registrada dessa Copa*".

México x Inglaterra

A torcida mexicana apoiou fervorosamente o Brasil durante a Copa, principalmente depois da eliminação do time da casa para a Itália, nas quartas de final. Mas, ainda na primeira fase, no jogo da seleção brasileira contra a Inglaterra, os mexicanos estavam especialmente revoltados com os ingleses. A delegação britânica levou ao México um grande carregamento de água mineral. Atitude antipática. A revista *Manchete* detalhou: "*O Brasil tinha cozinheiros, embora, ao contrário dos ingleses, tenha preferido sempre os vegetais, a carne e a água mexicana*".

A empáfia inglesa era tanta que, mesmo depois da eliminação para a Alemanha, os jogadores ainda consideravam a seleção campeã de 1966 a melhor do mundo, depois do Brasil. Uma reportagem do *JB* destacava: "*Na porta do Hotel Maria Isabel, saindo para ver o jogo entre Uruguai e Alemanha, Bobby Moore dá também a sua opinião, agora não como jogador da Inglaterra, mas como comentarista da Independent Television, que o contratou para as finais: 'O Brasil deve ganhar. Foi a equipe mais ofensiva, mas não atribuo isso a nenhuma concepção tática superior. (...) O Brasil foi o melhor time da Copa, além da Inglaterra*".

O gigante Azteca

O jogo de abertura da Copa entre México e União Soviética foi disputado no Azteca em 31 de maio, um domingo. O duelo se deu um dia depois do quarto aniversário do estádio. O Azteca foi inaugurado em 30 de maio de 1966 no jogo entre América, do México, e Torino, da Itália, que terminou empatado por 2 a 2.

Cidade do samba

O caderno esportivo do jornal mexicano *El Heraldo* trouxe na manchete principal, depois do 4 a 1 contra a Tchecoslováquia: "*Guadalajara está dançando samba*".

Tanque alemão

Gerd Müller, artilheiro da Copa de 70, com dez gols, fez mais quatro em 1974 e, por anos, liderou o *ranking* dos goleadores dos mundiais. Somente em 2006 ele foi desbancado pelo brasileiro Ronaldo. Müller, no entanto, tinha uma frustração: não ter sido convocado para jogar a Copa de 1966, na Inglaterra. Naquele ano, a Alemanha perdeu a final para a Inglaterra, mas, se tivesse sido convocado, talvez ainda estaria no topo da lista da FIFA, pois seriam mais seis jogos, seis possibilidades para balançar as redes adversárias.

Outro grande jogador alemão disputava, no México, a quarta Copa da carreira: era Uwe Seeler, de 34 anos, jogador mais velho entre todos na competição.

Jogo do século

O duelo pela semifinal entre Itália e Alemanha é considerado o "jogo do século 20" pela imprensa esportiva mundial. Uma placa, colocada no Azteca, faz referência à partida: "*O Estádio Azteca rende homenagem às seleções de Itália (4) e Alemanha (3), protagonistas, no mundial de 1970, do JOGO DO SÉCULO'. 17 de junho de 1970*".

A Copa no cinema

Cartaz do filme oficial da Copa (FIFA)

O filme oficial da Fifa, que conta a história do mundial de 1970, recebeu o título *The world at their feet* (O mundo aos seus pés). Como pano de fundo, um garotinho faz de tudo, sem o consentimento da mãe, para ir à Cidade do México assistir à final da Copa. No Estádio Azteca, as câmeras da produção eram postadas no lado oposto ao da televisão, favorecendo uma diversidade de imagens da final. O filme traz uma informação curiosa sobre o aguerrido goleiro do México, Ignacio Calderón. Calderón seria "dublê" de filmes de ação durante as horas vagas. O cineasta Carlos Niemeyer, do histórico *Canal 100*, também esteve no México para captar imagens do mundial.

Perdendo o ângulo

As transmissões de TV feitas pelo *Telesistema Mexicano*, apesar das limitações técnicas da época, eram requintadas, com *replays* e gerador de caracteres. Na decisão da Copa, os lances principais também foram registrados por câmeras postadas atrás dos gols e as imagens eram exibidas em *replay*. Por algum motivo técnico, só o gol de Carlos Alberto não foi gravado por essa outra câmera, postada atrás da meta. A jogada genial está registrada apenas no ângulo normal da transmissão. Aliás, cada vez que um lance era mostrado novamente, na imagem aparecia a inscrição "repet – replay".

TV para todos

O Grupo Ultra, simpático ao regime militar, cedeu 30 televisores para a Penitenciária do Estado de São Paulo e outros 16 aparelhos para a Casa de Detenção. A instalação se deu antes da estreia da seleção contra a Tchecoslováquia, conforme reportagem do *Estadão* de 4 de junho de 1970.

Mudança de nome

Em Guadalajara, a seleção brasileira ficou hospedada em um hotel chamado *El Suítes Caribe*. Após o tricampeonato, o proprietário mudou o nome do estabelecimento para *Suítes Brasil*. A revista *Veja* nos informa que Carlos Alberto Torres gostava de tomar sol sobre as lajotas que circundavam a piscina oval do hotel com uma tanga vermelha!

Que azar!

Depois da eliminação na Copa, os jogadores do Peru retornavam para casa, quando tiveram todos os produtos que compraram no México e nos Estados Unidos confiscados pela alfândega peruana.

171

Carlos Alberto (*Última Hora*/Arquivo Público do Estado de São Paulo)

Acusação infundada?

Em *O jogo bruto das Copas do Mundo*, o jornalista Teixeira Heizer conta que o capitão da Inglaterra, Bobby Moore, chegou atrasado ao México. Ele ficou preso no aeroporto de Bogotá sob acusação de ter furtado uma joia em um *shopping* durante a estada dos ingleses na cidade. Nada ficou provado.

Chá da tarde

A estreia da Inglaterra na Copa, contra a Romênia, foi vista por 20 milhões de ingleses, o que redundou em um consumo de energia de 2 milhões de quilowatts na hora do jogo. No intervalo, o gasto aumentou: eram os ingleses preparando o chá da tarde. Boa lembrança da revista *Placar*!

Show do Simonal

Um dos grandes cantores da música brasileira nos anos 60 e 70 estava no México. Wilson Simonal era figura presente nos treinos da seleção brasileira e, claro, na vida noturna dos torcedores que acompanhavam o mundial *in loco*. Inúmeras publicações da época trazem fotos de Simonal ao lado de jogadores. A descontração era tanta que o zagueiro Brito, passista da Mangueira, no Rio de Janeiro, chegou a usar uma bandeja de plástico como pandeiro.

Por falar em música, o jornalista Teixeira Heizer nos conta em *O jogo bruto das Copas do Mundo* que, nas ruas do México, o povo se despedia dos desclassificados acenando lenços brancos e cantando o clássico *Cielito Lindo*, uma das canções mais folclóricas do país. Na final da Copa, nos instantes derradeiros, a torcida brasileira fez uma adaptação à música e cantou em coro: "*ai, ai, ai, ai, está chegando a hora*". E a hora do tricampeonato efetivamente chegou!

Desânimo no comércio

Antes de a Copa começar, comerciantes da Cidade do México estavam desanimados com o mundial. A revista *Veja* explicava que o setor não esperava o mesmo lucro obtido com a Olimpíada. Os Jogos de 1968 reuniram, apenas na capital do país, turistas de mais de cem países que foram assistir a

10 mil atletas. Mas, na Copa, a situação era diferente. "*A cada novo dia caem os preços dos chaveirinhos (Cr$ 4,00), dos Juanitos infláveis (Cr$ 9,00) e até mesmo da prata pura mexicana*", de acordo com a revista. Nessa nota, a *Veja* cita *Juanito*, que foi o mascote da Copa, um garoto que veste a camisa da seleção do México e usa o tradicional sombrero.

Mascote da Copa (FIFA)

Nascimento, Pelé!

Algumas entrevistas feitas por Walter Abrahão e Rui Porto, da TV Tupi, na concentração brasileira, em Guadalajara, sobreviveram ao tempo e estão disponíveis no site da Cinemateca Brasileira. As conversas iam além do futebol:

> Rui Porto: "*Eu perguntei para o Pelé se ele acha que o próximo filho dele será homem, e ele disse que não acredita*".
>
> Pelé: "*Eu não acredito porque lá daquele lado só dá mulher. As minhas cunhadas, os parentes lá só têm quase meninas*".
>
> Rui Porto: "*Já tem nome Pelé?*".
>
> Pelé: "*Não tem nome ainda certo, mas logo que a gente chegar lá, vão faltar dois meses para o nascimento da criança e aí vamos entrar em acordo, vamos ver se acertamos o nome*".

A mulher de Pelé, Rose, estava grávida do segundo filho do casal. Em agosto, dois meses depois da decisão da Copa, nasceu Edson Cholbi Nascimento, o Edinho, ex-goleiro do Santos. Rose e Pelé já tinham Kelly Cristina do Nascimento.

Antidoping

Antes da estreia, o médico Lídio Toledo e o massagista Mário Américo fizeram um pente-fino no quarto dos atletas atrás de comprimidos e até de colírios para evitar qualquer problema com substâncias proibidas.

Polêmica tcheca

O técnico Marko, da Tchecoslováquia, que tanto provocou os brasileiros, não parava de dar declarações polêmicas. Depois da derrota para o Brasil, ele tirou do time o artilheiro Adamec e, sem dar detalhes, justificou: *"Ele foi covarde, e covarde não joga no meu time"*. Ainda sobre os tchecos, o único atleta profissional da equipe era Kvasnak, que jogava na Bélgica, e também recebia por estar atuando pela seleção, o que deixava os companheiros descontentes com a situação.

Guanajuato e os batismos

Depois da passagem da seleção por Guanajuato, primeira casa do Brasil no México, houve uma explosão de registros de crianças com nomes: Edson (nome de Pelé), Carlos Alberto e Jair. E por falar em Jairzinho, durante o período de treinos na cidade, um relógio do jogador desapareceu misteriosamente. A comissão técnica e a polícia local se mobilizaram. As suspeitas recaíram em torcedores e até em jornalistas que cobriam a seleção. O relógio reapareceu e o caso foi encerrado.

Alô, é o Médici!

Após cada vitória do Brasil, o telefone tocava na concentração da seleção. Era o próprio presidente da República querendo falar com João Havelange e com os jogadores. Médici assistia aos jogos em uma TV em cores no Palácio da Alvorada e, depois, ligava para o México. Atendia quem estivesse mais perto do telefone. Por falar em concentração, mas ainda no Brasil, a seleção ficava no Retiro dos Padres, em Itanhangá, no Rio de Janeiro. Era uma casa isolada e sem luxo. Os jogadores iam de Kombi até o campo do Golf Club, onde treinavam.

Médici e Zagallo (*Última Hora*/Arquivo Público do Estado de São Paulo)

O sonho de Dadá

O nome mais folclórico daquela seleção, mas que amargou a reserva, Dadá Maravilha, gostava de relatar aos companheiros os sonhos que tinha. No dia da final da Copa, os jogadores acordaram às 9 horas (a final seria às 12 horas). O grupo estava tomando um lanche reforçado, meio apreensivo, e quase todos os atletas permaneciam em silêncio. De repente chegou Dadá: *"Vocês não acreditam! Sonhei que tinha feito três gols na final"*. Todos olharam com surpresa, mas para quebrar o gelo Pelé falou: *"Então se será assim pode deixar que eu saio para você entrar"*. Todos caíram na gargalhada! Esse relato foi feito por Tostão.

Saída vetada

A edição de 21 de junho de 1970 do *Jornal do Brasil* destaca que, na véspera da finalíssima, os jogadores brasileiros queriam deixar a concentração para assistir à decisão do terceiro lugar, mas foram proibidos: *"Alguns jogadores queriam ir ao Estádio Azteca assistir ao jogo Uruguai e Alemanha, mas a ideia foi vetada pelo brigadeiro Jerônimo Bastos. Ele alegou que o público poderia se en-*

tusiasmar e criar problemas por causa de autógrafos. O dirigente não quer arriscar a tranquilidade dos jogadores, que tiveram de se contentar com a televisão".

Flores murchas

O *Diário da Noite*, de Recife, estampou a seguinte manchete após a vitória do Brasil diante da Tchecoslováquia: "*Assim começaram a murchar as flores de esperança da mais curta primavera vermelha*", uma alusão à Primavera de Praga, de 1968 (movimento contrário ao socialismo centralizador e conservador da URSS).

Troféu na hora errada

Após a vitória sobre os ingleses, fotógrafos que estavam no gramado do Estádio Jalisco arrumaram um troféu e começaram pedir para que os atletas brasileiros erguessem a tal da taça. A ideia era fazer uma foto para publicar nos jornais do dia seguinte. Pelé foi taxativo: "*nós ainda não ganhamos esse campeonato e nem estamos classificados. Levantar troféu só no fim da Copa, se conseguirmos chegar até lá*". Relato feito pela *Veja*.

Os poderes de *Sansão*

O único árbitro brasileiro na Copa foi Airton Vieira de Morais, conhecido como *Sansão*. Ele se viu envolvido em um escândalo durante o mundial ao ser acusado pela FIFA de ter sido subornado por dirigentes do Uruguai, antes da partida contra a Suécia. Ele acabou substituído pelo norte-americano Henry Landauer. Posteriormente, a FIFA reconheceu que tinha acusado o árbitro brasileiro sem provas. Até hoje existem rumores de que a entidade máxima do futebol o envolveu na história como uma espécie de vingança: Airton Vieira de Morais teria se recusado a favorecer a Inglaterra durante uma partida. Vale lembrar que o presidente da entidade máxima do futebol era inglês.

Festa, tiros e morte

A revista *Placar* registrou que as comemorações pela classificação do México para as quartas de final da Copa terminaram da pior maneira possível: cinco mortos, quatrocentos feridos, comércio saqueado e carros incendiados. Uma mulher se recusou a vender uma cerveja e levou dois tiros no peito. As demais mortes foram causadas por atropelamentos durante as comemorações.

A revista *Placar* nos conta ainda que, no Brasil, após a vitória diante da Romênia, Francisco Perazo, diretor de um hospital de Salvador, fez um apelo pelos jornais: *"Vamos comemorar, mas sem excessos. Os pais, principalmente, devem cuidar dos seus filhos para que não haja tristezas em meio às alegrias das vitórias"*. O motivo da advertência: Rubens Assis Santana, estudante de economia, de 21 anos, bebeu demais com os amigos no bairro da Barra, na capital da Bahia. Quando o Brasil ganhou dos romenos, ele começou a pular de alegria. Pulou tanto que escorregou, caiu com a cabeça no meio-fio e morreu no dia seguinte em uma clínica.

Já Fábio Alves Franco, advogado, de 75 anos, assistia ao duelo do Brasil contra a Inglaterra em casa, na Rua Teixeira Leal, também em Salvador, quando se sentiu mal e foi para o quarto. Ele morreu de colapso quando Jairzinho fez o gol da vitória. Haja coração mesmo!

Em Belo Horizonte, dois homens estavam bebendo cachaça após a vitória contra a Inglaterra quando surgiu uma discussão entre eles: será que Dario deveria ficar no banco de reservas no jogo seguinte contra a Romênia, como efetivamente ficou? A revista *Veja* detalhou a história: *"Foi o motivo para que o comerciante Juvenal Pereira da Silva matasse a tiros o cordado operário Durvalino Queiroga da Silva. (...) Afinal, Durvalino só queria que Dario ficasse na regra três, declarou a testemunha Aracy Antunes. 'A partida mexera com os meus nervos. Quando fui agredido, saquei o revólver e dei dois tiros. Também tenho direito de achar que o Dario não presta'."* Em São Paulo, dois irmãos embriagados mataram a tiros o caçula por afirmar que a Inglaterra merecia o empate!

Em Santana do Livramento (RS), na fronteira com o Uruguai, o clima esquentou após a vitória brasileira na semifinal. Um grupo de brasileiros tentou invadir o território inimigo para revidar provocações que duraram até a seleção brasileira marcar o segundo gol. Policiais tiveram de conter um possível conflito. Os uruguaios tinham espalhado cartazes com a seguinte inscrição: *"Uruguay campeón del mundo 1930 – 1950 – 1970"*.

Riva e o casório

Em meio às comemorações pela conquista do tricampeonato, Rivellino subiu ao altar às 21 horas do sábado, 27 de junho, seis dias depois da final da Copa. O casamento rendeu uma página completa na revista *Placar*. Maísa Vieira Gazzola se tornou Maísa Vieira Gazzola Rivellino. No total, oitenta convidados e cinquenta jornalistas acompanharam a cerimônia do jogador do Corinthians.

Ado, Gérson, Rivellino e Zagallo
(*Última Hora*/Arquivo Público do Estado de São Paulo)

Síndrome de Chaves

O México é a terra de Roberto Gómez Bolaños, criador de personagens marcantes da TV, como Chaves e Chapolin. Ele era fã de Pelé e fanático pela seleção de 1970. Um dos bordões de Chaves, no original *Chavo del ocho*, era: "*Tudo eu, sempre eu*". A mesma síndrome tinha o goleiro Félix. Em entrevista à *Placar*, após a vitória do Brasil sobre o Peru, ele desabafou: "*Sou sempre o culpado. Não sei por que, mas sempre arrumaram uma maneira de dizer que eu deveria ter saído na bola, que eu deveria ter feito a defesa antes, que eu errei no primeiro gol. Sempre encontram defeito em mim. Não me considero o melhor goleiro do mundo, mas não sou o pior*".

Para Félix, o melhor lance dele na Copa foi a defesa que fez na cabeçada de Lee, inglês que, na sequência da jogada, chutou o rosto do goleiro brasileiro.

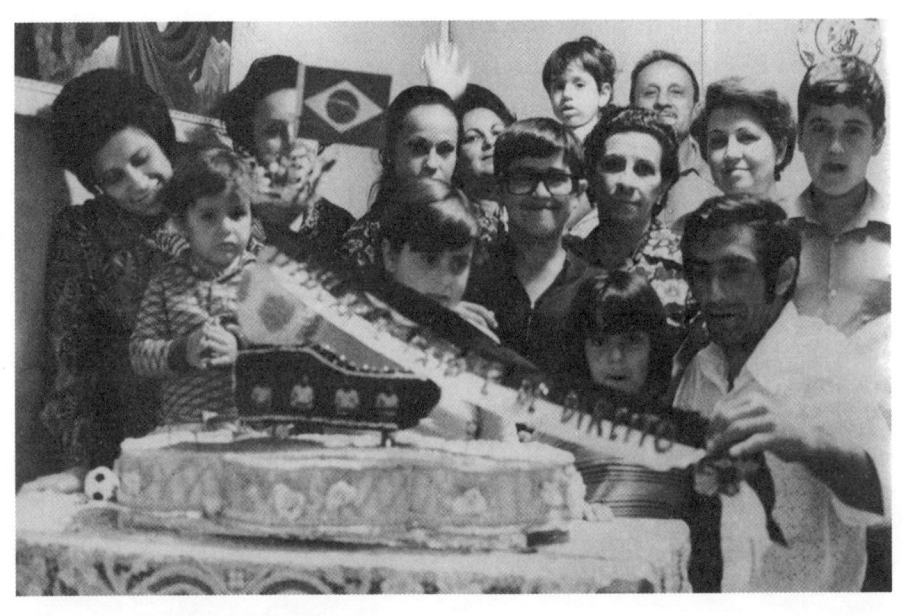

Félix é homenageado pela família
(*Última Hora*/Arquivo Público do Estado de São Paulo)

Cadê o telegrama?

Zagallo conta que após os dois primeiros jogos da seleção recebeu cumprimentos, via telegrama, de todos os times paulistas e cariocas, exceto de um: do Botafogo. Detalhe: era o time em que ele, Lídio Toledo e Admildo Chirol estavam trabalhando, antes da ida à seleção.

Visita inglesa

A imprensa mundial registrou a visita de Bobby Moore e Bobby Charlton à concentração do Brasil, antes do jogo contra a Romênia. De acordo com a *Veja*, os jornalistas especularam que os dois foram pedir aos brasileiros para que não facilitassem a partida, já que, em caso de vitória romena, a Inglaterra corria o risco de ficar de fora das quartas de final. Oficialmente, Bobby Moore foi pedir para que Pelé emprestasse a bola do gol mil, marcado no ano anterior, para uma exposição.

Obdulio, o grande capitão!

Obdulio Varela, lendário capitão uruguaio da seleção campeã em 1950, foi localizado pela reportagem da revista *Veja* em Montevideo, antes do duelo da semifinal, em 17 de junho de 1970. O ex-jogador resolveu acompanhar a partida na casa de um amigo, um famoso jóquei. Mesmo tendo televisão na casa, Obdulio preferiu um velho aparelho de rádio e sintonizou a Rádio Sarandi. Apesar de ser um homem comedido, vibrou quando o locutor Carlos Soler narrou o gol de Cubilla, mas depois ficou desanimado com a virada. Ao final, ele cumprimentou o repórter e declarou que a seleção brasileira tinha merecido ganhar.

Jacaré da defesa

O zagueiro Fontana fez o seguinte comentário sobre o bom desempenho de Piazza (originalmente jogador de meio de campo) na zaga brasileira: *"Agora o jacaré não sai mais da área. Eu vou ter que jogar no meio de campo, se não quiser ser reserva"*. Piazza era um homem calmo, ao contrário de Fontana!

Brasil *versus* Alemanha na final?

Exames feitos nos jogadores italianos depois da partida contra a Alemanha apontaram substância irregular em Luigi Riva e Gianni Rivera. Os alemães já estavam comemorando a possibilidade de a Itália ser desclassificada da decisão, quando a FIFA informou que houve um erro de laboratório cometido por técnicos mexicanos. Sobre isso, a *Revista do Esporte* registrou: *"No fim das contas, porém, aconteceu o mais engraçado da história: o técnico Valcareggi, da seleção italiana, veio a público dizer que os boatos sobre o doping de Riva foram espalhados pelos brasileiros, como guerra de nervos com o objetivo de perturbar os italianos e tirar partido dessa situação"*. A seleção brasileira não precisava disso.

Viktor no São Paulo

A revista *Veja* informava que o goleiro Ivo Viktor, da Tchecoslováquia, estaria negociando transferência para o São Paulo Futebol Clube. Na época ele tinha 27 anos, enquanto a Federação da Tchecoslováquia só permitia que jogadores deixassem o país aos 28 anos. O acordo não avançou.

Jair português

Portugal não disputou a Copa, mas o governo do país ficou entusiasmado com o desempenho de Jairzinho e o escolheu como o melhor jogador do mundial. Inclusive, um emissário governamental foi enviado ao Rio de Janeiro e ofereceu ao "furacão da Copa" o troféu *Chave de Ouro de Lisboa*, além de um prêmio de 20 mil dólares.

TV é o que não falta

Antes da estreia da seleção, a família de Rivellino estava nervosa e não queria que nenhum problema técnico atrapalhasse, conforme o *Estadão*: *"Três televisores, um a pilha, todos devidamente revisados, estão preparados na rua José Guarani, 76 (Santo Amaro) para mostrar a um pai extremamente nervoso a imagem do filho e de seus 10 companheiros iniciando a dura luta do mundial do Brasil pela sua 3ª Copa do Mundo. Nicolino Rivellino mostra na fisionomia tensa todo seu nervosismo, mas, ao falar pelo telefone internacional, com o filho Roberto, diz que está calmo: 'Roberto, eu não estou nervoso. Eu quero que você ganhe o jogo de amanhã'".* Podemos imaginar a festa na casa quando Rivellino empatou o jogo diante da Tchecoslováquia.

Camisa para Barbosa

A camisa que Pelé usou no duelo contra o Uruguai foi dada de presente ao goleiro do Brasil na Copa de 1950. A derrota em pleno Maracanã virou um peso para Moacir Barbosa, acusado de falhar no gol de Ghiggia. O Rei do futebol quis fazer a homenagem ao grande arqueiro.

É dos carecas...

O secretário-geral da FIFA em 1970, Helmuth Kaeser, deu uma recomendação inusitada aos jogadores carecas, como Gérson: *"usem peruca"*. O objetivo seria se proteger do sol escaldante durante as partidas. Pelo que se sabe, ninguém atendeu à sugestão do dirigente.

CCCP e o "crioulo" Pelé

Em 1970, o mundo vivia a Guerra Fria, e o "fantasma comunista" ainda rondava o imaginário das pessoas. O termo "CCCP", abreviatura das palavras em russo de União das Repúblicas Socialistas Soviéticas, o equivalente a URSS, era estampado nos uniformes das equipes do país que disputavam competições, como Olimpíadas e Copa. O historiador Eduardo José Afonso, da Unesp, que tinha 13 anos em 1970, recorda que os garotos sabiam na ponta da língua o que queria dizer "CCCP": *"Cuidado com o crioulo Pelé"*.

Mais uma sigla: "TRI"

Uma nota curiosa dos jornais de São Paulo:

"Ivan Frank, o simpático companheiro aqui da equipe de motoristas do DIÁRIO POPULAR, indica-nos a fórmula simples para chegar ao título:

Tchecoslováquia
Romênia
Inglaterra

... essa Copa está deixando todo mundo louco".

A seleção da Copa

A FIFA indicou a seleção da Copa: Mazurkiewicz (Uruguai), Carlos Alberto (Brasil), Piazza (Brasil), Facchetti (Itália) e Beckenbauer (Alemanha); Gérson (Brasil), Rivellino (Brasil) e Bobby Charlton (Inglaterra); Pelé (Brasil), Gerd Müller (Alemanha) e Jairzinho (Brasil).

Claro que qualquer escolha é controversa, pois, para boa parte da imprensa mundial, o melhor goleiro foi Gordon Banks. Na época, a crônica esportiva apontou Pelé como o melhor da Copa, mas, no site da FIFA, está indicado que o título de chuteira de ouro foi dado ao artilheiro Gerd Müller, com dez gols. Jairzinho ficou com a chuteira de prata e Cubillas, do Peru, foi considerado a revelação, como o melhor jovem jogador, levando a chuteira de bronze. Os peruanos também ganharam o título "fair play".

A saga da taça e o "beijo roubado"

O capitão Carlos Alberto Torres "roubou" um beijo da *Jules Rimet* ao receber a taça das mãos do presidente do México, em 21 de junho de 1970. Depois de 40 anos, desde o primeiro mundial, aquele objeto, cobiçado por futebolistas de todo o planeta, iria morar para sempre no Brasil. Mas o epílogo não foi bem esse. Por incrível que pareça, a taça foi roubada em 1983 e teve seu ouro derretido, de acordo com a investigação policial da época. Um fim triste para o capítulo mais espetacular da história esportiva do país. O roubo tem detalhes bizarros, misteriosos e inacreditáveis.

A taça foi desenhada por Abel Lafleur, francês amigo de Jules Rimet, presidente da FIFA, que idealizou a Copa do Mundo, em 1930. O troféu tinha 30 cm de altura, pesava 3,8 kg (sendo 1,8 kg de ouro maciço) e representava a figura alada de Nice, deusa grega da vitória. Pelo regulamento, quem fosse campeão três vezes ficaria com a posse definitiva. O troféu só recebeu o nome de Jules Rimet em 1946. Depois da conquista do bicampeonato pela Itália (34-38), o troféu ficou escondido durante a Segunda Guerra. O dirigente italiano Ottorino Barassi guardou a taça dentro de casa, em uma caixa de sapatos, para evitar que o ouro fosse derretido pelos nazistas. Em 1954, os alemães, campeões daquele ano, foram autorizados a trocar a base do troféu para uma de mármore, que passaria a ter o nome dos países vencedores grafados em pequenas placas.

Em março de 1966, antes do mundial, a *Jules Rimet* estava em exposição em Londres, quando desapareceu. O sumiço mobilizou a Inglaterra e envolveu a Scotland Yard. Uma semana depois, um cachorro chamado Pickles encontrou o troféu em um jardim londrino e virou herói nacional. A taça estava embrulhada em jornais; um suspeito foi preso.

Depois da conquista em 1970, a *Jules Rimet* foi morar na sede da CBD (que virou CBF em 1979), no Rio de Janeiro. Os jornais do dia 20 de dezembro de 1983 relataram o roubo ocorrido na noite anterior: "*Três taças de ouro, entre as quais a Jules Rimet, conquistada pelo Brasil com o tricampeonato de 1970, no México, foram roubadas ontem à noite, por dois ladrões, do gabinete do Presidente da Confederação Brasileira de Futebol, Giulite Coutinho, no nono andar do Edifício João Havelange, na Rua da Alfândega, 70. As três taças estavam em uma vitrine do gabinete, e, a princípio, houve dúvidas se seria a verdadeira Jules Rimet ou uma réplica, segundo o vigia do prédio. A dúvida só foi esclarecida com a chegada à CBF, por volta das 2h da manhã, do Presidente da Confederação Brasileira de Arbitragem, Althemar Dutra de Castilhos, que confirmou ser a original a taça guardada naquele local*", de acordo com O Globo. A taça original estava exposta e a réplica se encontrava em um cofre. Inacreditável! Na Folha de S.Paulo, o seguinte título: "*Com brasileiro não há quem possa*". Na sequência, a explicação: "*Ganhou 3 títulos mundiais, sambou com a bola no pé e ontem passou a mão na Jules Rimet, que a esta altura pode estar derretida*".

O vigia João Batista Maia, de 55 anos, foi rendido por dois ladrões, por volta das 21 horas de 19 de dezembro de 1983. Um vidro à prova de balas protegia a *Jules Rimet*, mas era envolto por uma moldura frágil de madeira e os bandidos não tiveram dificuldade para arrombá-la. De acordo com as investigações, a *Jules Rimet* foi derretida no dia seguinte.

O mentor do crime foi Sérgio Pereira Ayres, conhecido como Sérgio Peralta, que era representante do Atlético-MG na CBF e tinha livre acesso ao edifício. Os dois comparsas, o ex-policial Francisco José Rocha Rivera, o Chico Barbudo, e o decorador José Luiz Vieira da Silva, conhecido como Luiz Bigode, foram os arrombadores. No dia seguinte ao roubo, a dupla tentou, sem sucesso, vender a taça para um ourives, que recusou, por entender que o troféu era um patrimônio do povo brasileiro. Mas a segunda tentativa deu certo: o negociante de ouro Juan Carlos Hernandez não tinha nenhum sentimentalismo pela seleção brasileira. Nascido na Argentina, ele vivia no Brasil desde 1973 e aceitou fazer o serviço sujo ao transformar a taça em barras de ouro. Os envolvidos sempre negaram qualquer participação no roubo. Até hoje, a própria FIFA não se convenceu sobre o derretimento da *Jules Rimet*. As barras de ouro, por exemplo, nunca foram encontradas.

O crime foi desvendado por causa de Antônio Setta, apelidado de Broa, ladrão conhecido no Rio de Janeiro. Sérgio Peralta o convidou para participar do roubo, mas ele se recusou por razões pessoais. O irmão de Antônio Setta, Giácomo, tinha morrido de infarto justamente no dia da final da Copa de 1970; provavelmente não suportou a emoção causada pela conquista. A sentença contra os envolvidos só foi proferida em março 1988. Sérgio Peralta, Chico Barbudo e Luiz Bigode foram condenados a nove anos de prisão, enquanto Juan Carlos Hernandez pegou três anos. O destino da maioria dos envolvidos no roubo da taça, no entanto, foi trágico:

Sérgio Peralta só foi preso em 1994 e, três anos depois, obteve condicional. Morreu de infarto, em 2003.

Chico Barbudo apelou da sentença e foi solto em maio do mesmo ano de 1988 para aguardar o resultado da apelação em liberdade. No ano seguinte, morreu assassinado a tiros em um bar, no Rio de Janeiro.

Luiz Bigode ficou foragido até 1995 e conseguiu liberdade três anos depois.

Juan Carlos Hernandez só foi preso em 1998, mas por tráfico de drogas e não por receptação da taça. Deixou a cadeia em 2005.

Antônio Setta, que delatou os responsáveis pelo roubo, morreu de infarto em dezembro de 1995.

Sobre o caso, vale a pena assistir ao filme *O roubo da Taça* (2016), dirigido por Caíto Ortiz. Depois da conquista definitiva do Brasil, a FIFA recebeu sugestões para batizar de "*Taça Pelé*" o novo troféu que seria dado aos campeões a partir de 1974. Mas a entidade máxima do futebol não aceitou. Por falar em Pelé, após a conquista de 1970, o Rei recebeu de presente do governo mexicano uma réplica da taça. Ao contrário da *Jules Rimet*, o troféu utilizado desde 1974, do escultor italiano Silvio Gazzaniga, é de posse transitória e o original sempre fica em poder da FIFA. Os países campeões recebem apenas uma cópia.

Carlos Alberto Torres
(Revista *O Cruzeiro*/D.A Press)

Selo comemorativo do tricampeonato (acervo pessoal do autor)

Referências

Periódicos

<u>Jornais</u>
Estado de S. Paulo
Folha de S. Paulo
Gazeta Esportiva
Jornal do Brasil
La Gazzetta dello Sport (Itália)
O Globo

<u>Revistas</u>
Fatos & Fotos
Gazeta Esportiva Ilustrada
Manchete
O Cruzeiro
Placar
Revista do Esporte
Veja

Livros

ANDRADE, Carlos Drummond de. *Quando é dia de futebol*. São Paulo: Companhia das Letras, 2014.

BIBAS, Solange. *As Copas que ninguém viu*. Rio de Janeiro: Catavento, 1982.

CASTRO, J. Almeida. *Histórias da bola*. Portugal: Talento, 1998.

CASTRO, Ruy. *Estrela solitária, um brasileiro chamado Garrincha*. Rio de Janeiro: Companhia das Letras, 1995.

CORDEIRO, Luiz Carlos. *De Edson a Pelé*: a infância do Rei em Bauru. São Paulo: Dorea Books, 1997.

COUTO, Euclides de Freitas. *Da Ditadura à ditadura*: uma história política do futebol brasileiro (1930-1978). Rio de Janeiro: Eduff, 2014.

DUARTE, Orlando. *Fried versus Pelé*. São Paulo: Makron Books, 1994.

DUARTE, Orlando. *Pelé, o supercampeão*. São Paulo: Makron Books, 1993.

DUARTE, Orlando. *Todas as Copas do Mundo*. São Paulo: Makron Books, 1994.

GARRIDO, Atílio. *Maracanazo*: a história secreta. Brasil: Livros Limitados, 2014.

GOUSSINSKY, Eugenio; ASSUMPÇÃO, João Carlos. *Deuses da bola*. São Paulo: Dórea Books and Art, 1998.

HEIZER, Teixeira. *Maracanazo*. Rio de Janeiro: Mauad, 2014.

HEIZER, Teixeira. *O jogo bruto das Copas do Mundo*. Rio de Janeiro: Mauad, 1997.

LANCELLOTTI, Sílvio. *Almanaque da Copa do Mundo*. Porto Alegre: L&PM, 1998.

MÁXIMO, João. *João Saldanha*. Rio de Janeiro: Relume, 2005.

MENDES, Luiz. *7 mil horas de futebol*. Rio de Janeiro: Freitas Bastos, 1999.

MILLIET FILHO, Raul. *Vida que segue*: João Saldanha e as Copas de 1966 e 1970. São Paulo: Nova Fronteira, 2006.

NOGUEIRA, Armando; SOARES, Jô; MUYLAERT, Roberto. *A Copa que ninguém viu e a que não queremos lembrar*. São Paulo: Companhia das Letras, 1994.

OLIVEIRA, Cesar. *As 100 melhores crônicas comentadas de João Saldanha*. São Paulo: Mauad, 2017.

PELÉ. *A autobiografia*. São Paulo: Sextante, 2006.

PERDIGÃO, Paulo. *Anatomia de uma derrota*. Porto Alegre: L&PM, 1986.

PRIORE, Mary Del. *Histórias da gente brasileira*. São Paulo: LeYa, 2019. v. 4.

RIBAS, Lycio Vellozo. *O mundo das Copas*. Brasil: Lua de Papel, 2010.

RODRIGUES, Nelson. *À sombra das chuteiras imortais*. São Paulo: Companhia das Letras, 1998.

SIQUEIRA, André Iki. *João Saldanha, uma vida em jogo*. São Paulo: Companhia Editora Nacional, 2007.

TOSTÃO. *Tempos vividos, sonhados e perdidos*. São Paulo: Companhia das Letras, 2016.

QUEM SOMOS

Editora **LETRAS JURÍDICAS** e **LETRAS DO PENSAMENTO**, com 20 anos no mercado *Editorial e Livreiro* do país, é especializada em publicações jurídicas e em literatura de interesse geral, destinadas aos acadêmicos, aos profissionais da área do Direito e ao público em geral. Nossas publicações são atualizadas e abordam temas atuais, polêmicos e do cotidiano, sobre as mais diversas áreas do conhecimento.

Editora **LETRAS JURÍDICAS** e **LETRAS DO PENSAMENTO** recebe e analisa, mediante supervisão de seu Conselho Editorial: *artigos, dissertações, monografias e teses jurídicas de profissionais dos Cursos de Graduação, de Pós-Graduação, de Mestrado e de Doutorado, na área do Direito e na área técnica universitária, além de obras na área de literatura de interesse geral.*

Na qualidade de *Editora Jurídica e de Interesse Geral*, mantemos uma relação em nível nacional com os principais *Distribuidores e Livreiros do país*, para divulgarmos e para distribuirmos as nossas publicações em todo o território nacional. Temos ainda relacionamento direto com as principais *Instituições de Ensino, Bibliotecas, Órgãos Públicos, Cursos Especializados de Direito* e todo o segmento do mercado.

Na qualidade de *editora prestadora de serviços*, oferecemos os seguintes serviços editoriais:

✓ Análise e avaliação de originais para publicação;	✓ Gráficas – Pré-Impressão, Projetos e Orçamentos;
✓ Assessoria Técnica Editorial;	✓ Ilustração: projeto e arte final;
✓ Banner, criação de arte e impressão;	✓ Livros Digitais, formatos E-Book e Epub;
✓ Cadastro do ISBN – Fundação Biblioteca Nacional;	✓ Multimídia;
✓ Capas: Criação e montagem de Arte de capa;	✓ Orçamento do projeto gráfico;
✓ CD-ROM, Áudio Books;	✓ Organização de eventos, palestras e workshops;
✓ Comunicação Visual;	✓ Papel: compra, venda e orientação do papel;
✓ Consultoria comercial e editorial;	✓ Pesquisa Editorial;
✓ Criação de capas e de peças publicitárias para divulgação;	✓ Programação Visual;
✓ Digitação e Diagramação de textos;	✓ Promoção e Propaganda - Peças Publicitárias - Cartazes, Convites de Lançamento, Folhetos e Marcadores de Página de livro e peças em geral de divulgação e de publicidade;
✓ Direitos Autorais: Consultoria e Contratos;	
✓ Divulgação nacional da publicação;	
✓ Elaboração de sumários, de índices e de índice remissivo;	✓ Prospecção Editorial;
✓ Ficha catalográfica - Câmara Brasileira do Livro;	✓ Redação, Revisão, Edição e Preparação de Texto;
✓ Fotografia: Escaneamento de material fotográfico;	✓ Vendas nacionais da publicação. Confira!!!

Nesse período a *Editora* exerceu todas as atividades ligadas ao setor **Editorial/Livreiro** do país. É o marco inicial da profissionalização e de sua missão, visando exclusivamente ao cliente como fim maior de seus objetivos e resultados.

O Editor
A Editora reproduz com exclusividade todas as publicações
anunciadas para empresas, entidades e/ou órgãos públicos. Entre em contato para maiores informações.
Nossos sites: www.letrasjuridicas.com.br e www.letrasdopensamento.com.br
E-mails: comercial@letrasjuridicas.com.br e comercial@letrasdopensamento.com.br
Telefone/fax: (11) 3107-6501 – 99352-5354